Les Carrières Libérales

DU MÊME AUTEUR

A LA LIBRAIRIE FONTEMOING, 4, Rue Le Goff, Paris, 5ᵉ

Les Carrières de la Jeune Fille. — Un vol. in-18
jésus de 400 pages................................... 3 fr. 50
**Les Carrières administratives des Jeunes
Gens.** — Un vol. in-18 jésus de 600 pages .... 4 fr.
Les Emplois civils réservés aux sous-officiers.
— Un vol. in-18................................... 0 fr. 60
Le nouveau Baccalauréat. — Conseils aux parents
et aux élèves. — Un vol. in-18 jésus................ 1 fr.

SOUS PRESSE

Les Carrières Industrielles et Commerciales.

EN PRÉPARATION

Les Carrières Coloniales

A LA BIBLIOTHÈQUE D'ÉDUCATION, 15, *rue de Cluny.*

Les Emplois civils et les Écoles, offerts aux
Elèves instituteurs et Institutrices de l'École primaire.
— Un vol. in-18................................... 0 fr. 60

RÉPERTOIRE GÉNÉRAL DES CARRIÈRES
EN FRANCE AU XXᵉ SIÈCLE

PAUL BASTIEN

Les Carrières

Libérales

PARIS

ALBERT FONTEMOING, ÉDITEUR

4, RUE LE GOFF (5ᵐᵉ)

—

1905

LES
CARRIÈRES LIBÉRALES

AVANT-PROPOS

Le présent livre est le troisième volume du *Répertoire général des carrières en France, au XX*[e] *siècle.*

Ceux qui l'ont précédé sont : *Les Carrières de la jeune fille* et *Les Carrières administratives des jeunes gens.*

Ce livre a pour objet : *Les Carrières libérales des jeunes gens.* Celles des carrières libérales dont les jeunes filles se donnent peu à peu l'accès sont étudiées au point de vue féminin, dans un chapitre spécial.

La définition de l'adjectif *libéral,* accolé au mot *carrière,* est de celles où l'on eût aimé voir Socrate, en compagnie d'un disciple, exercer son agréable maïeutique. Cette définition est, en effet, difficile à poser.

Par carrières libérales, nous avons entendu celles qui sont indépendantes et qui ne comportent pas l'exercice d'un métier. Par suite, cette définition exclut des carrières libérales, et les carrières administratives et les professions manuelles.

Nous avons, au contraire, placé parmi les carrières libérales certaines carrières que l'on peut exercer dans l'industrie, mais non pour son propre compte, et sur le fonds d'autrui. Par excemple, le chimiste, l'ingénieur nous ont paru avoir des professions libérales.

De la sorte nous avons cru conserver au mot profession libérale, son véritable sens de *profession qu'on exerce avant tout par les seules ressources de sa pensée.* En ce sens, la profession d'homme de lettres est la carrière libérale par excellence : ce qui ne veut pas dire la meilleure.

Ceci n'a d'ailleurs que l'importance d'une définition ou, ce qui est bien près d'être la même chose, d'une convention, puisque le présent livre sera très prochainement suivi des *Carrières industrielles et commerciales*, et des *Carrières coloniales*.

P. B.

TITRE I

LES CARRIÈRES JURIDIQUES

TITRE I

LES CARRIÈRES JURIDIQUES

AVOCAT

Conditions d'accès à cette carrière

Pour exercer la profession d'avocat, il faut avoir obtenu le diplôme de licencié en droit et prêté, devant une cour d'appel française, le serment suivant : « Je jure de ne rien dire en public, comme défenseur ou conseil, de contraire aux lois, aux règlements, aux bonnes mœurs, à la sûreté de l'État et à la paix publique et de ne jamais m'écarter du respect dû aux tribunaux et aux autorités publiques. »

Cette condition, si elle est nécessaire, n'est pas suffisante. L'avocat, en titre, n'a le droit d'exercer sa profession qu'autant qu'il est admis à un stage de trois ans, par le Conseil de l'Ordre des avocats, auquel il adresse sa demande.

Il doit justifier, en plus de son diplôme et de la prestation de serment, qu'il a un domicile suffisant dans la région où se trouve la Cour ou le Tribunal auquel il doit être attaché. Le stagiaire doit être dans ses meubles ou posséder dans sa famille une installation distincte. Il doit, en outre, s'engager à n'exercer aucun emploi salarié, aucun commerce, de quelque nature qu'il soit.

La profession d'avocat est notamment incompatible avec les fonctions de préfet, sous-préfet, secrétaire général, conseiller d'État et de préfecture, voire même de Ministre. Elle l'est encore avec toutes les fonctions de l'ordre judiciaire, sauf celle de juge suppléant.

De tous les fonctionnaires, les seuls qui puissent exercer, concurremment à leur charge, la tâche de l'avocat, sont les professeurs titulaires des Facultés de droit.

Après trois ans de stage, le jeune avocat peut être inscrit au tableau de l'Ordre. C'est celui-ci qui statue sur l'inscription définitive. *Il est maître de son tableau.* Hâtons-nous d'ajouter que cette maxime un peu stricte est atténuée en fait et en droit ; *en fait,* parce que le refus exprimé par l'Ordre des avocats d'inscrire définitivement un stagiaire est très rare et ne peut avoir pour occasion qu'une contravention formelle aux règlements de cet Ordre ; *en droit,* parce qu'un stagiaire refusé peut faire appel devant la Cour.

Le stagiaire peut plaider pendant ces trois ans de stage. Il n'est pas assujetti à la patente. Ses obligations consistent à assister aux réunions présidées par les membre du Conseil de l'Ordre pour s'instruire sur les charges de sa profession, et à prendre part aux conférences pour s'habituer à la parole.

Avocat de carrière et avocat de nom

Pour exercer la profession d'avocat, il faut être licencié en droit, c'est-à-dire avoir fait au moins trois ans d'études après le baccalauréat. Ce n'est donc qu'après le service militaire, c'est-à-dire vers la vingt-troisième année, que le jeune avocat peut se risquer à la barre. Encore ne peut-il s'agir pour lui que de rares essais, puisque, dans la plupart des cas, sa licence faite, le licencié en droit se prépare au doctorat : ce qui exige de lui trois autres années de travail.

C'est vers vingt-six ou vingt-sept ans que les avocats qui veulent persévérer entrent dans la carrière. Jusqu'à cet âge, la plupart des jeunes gens qui possèdent ce titre, ou ne s'en servent pas parce qu'ils recherchent des positions comme celles de *notaires*, d'*avoués*, etc., ou ne s'en servent que parce qu'ils sont attachés à un parquet et cherchent à se faire remarquer pour être nommés plus rapidement juges suppléants, quelquefois substituts. Dans les deux cas, la profession provisoire d'avocat est plutôt un moyen qu'une fin.

Parmi les avocats approchant de la trentaine et qui n'ambitionnent ni le fauteuil de l'officier ministériel ni le siège du juge suppléant, il faut encore faire une distinction. Les uns sont des jeunes gens riches, attachés à leur famille, à leur ville natale et qui n'ont d'autre désir que d'y couler une vie tranquille avec un titre honorable et faisant son effet sur une carte de visite.

Les autres, enfin, sont ceux qui, riches ou non, veulent

réellement exercer la profession d'avocat, et c'est d'eux
que nous allons nous occuper maintenant.

LES AVOCATS DE CARRIÈRE

Si nous avons fait remarquer que beaucoup d'avocats ne
recherchent de la profession que son titre et peuvent vivre
de leurs revenus, il n'en faut point conclure qu'on peut
facilement débuter comme avocat, sans revenus.

A vingt-sept ans, le jeune docteur en droit a coûté
à sa famille six années d'entretien dans une grande
ville, soit, si l'on prend une moyenne de 2.500 francs
par an, une somme totale de 15.000 francs. Aux 15.000
francs, il faut ajouter les frais d'inscriptions et d'examens,
soit 1.600 francs. Si nous ajoutons encore à ces différentes
sommes les frais d'installation du futur avocat, nous serons
bien près d'atteindre la somme de 20.000 francs.

C'est donc 20 000 francs que le jeune avocat aura coûté
à sa famille, à partir de sa dix-huitième année et avant
d'avoir gagné un centime. Ces deux chiffres mis en paral-
lèle laissent donc à penser que la condition nécessaire pour
exercer la profession d'avocat, c'est de posséder au moins
une solide aisance.

Cette aisance est nécessaire parce que la clientèle ne
viendra pas immédiatement au jeune avocat, même s'il
possède les qualités de sa profession et que nous essaye-
rons d'énumérer plus loin. Elle est d'autant plus nécessaire
qu'il doit avoir un certain train de vie, comme on dit

aujourd'hui. Avec ses frais d'installation, si nécessaires pour en imposer au client, de cotisation, de stage, de vestiaire, on peut évaluer les dépenses du débutant à 3.000 francs pour la province et à 4.000 francs pour Paris. C'est assurément un minimum.

Il faut, enfin, l'aisance au jeune maître pour le mettre à l'abri des tentations dont l'entoure si facilement l'exercice de sa charge. A côté des mauvaises causes que tous peuvent soutenir assurément, il y a les affaires franchement malhonnêtes que doit éviter l'avocat. Les distinguera-t-il avec une suffisante sûreté de vue, le jeune homme qui ne sera pas sûr de son lendemain. N'arrivera-t-il à dire, comme trop d'autres, même en les ayant distinguées, ce désolant « après tout, il faut vivre » qui marque dans la vie de bien des hommes le commencement de toutes les déchéances morales et qui amène, plus sûrement encore, l'avocat à la radiation du conseil de l'Ordre.

Le lecteur ne trouvera pas ces réflexions trop pessimistes s'il constate avec la statistique qu'à Paris, sur plus de 2.000 avocats inscrits, 200 seulement gagnent au-dessus de 10.000 francs, et qu'une cinquantaine au plus dépasse 50.000 francs.

COMMENT RÉUSSIR DANS LA PROFESSION D'AVOCAT?

A côté de cette aisance dont nous venons de parler et qui doit permettre à l'avocat d'attendre le client, sans trop compter sur ses honoraires, bien au-delà de la trentième année, il nous semble que l'avocat doit posséder les qualités suivantes :

Le sens des affaires, c'est-à-dire cette intuition qui lui permettra de dégager immédiatement, soit de la conversation embrouillée d'un plaideur, soit de la masse d'un dossier, la signification et la valeur de la cause à plaider. Qualité innée sans doute et qui, bien souvent, vient de l'hérédité, mais qualité que l'on doit développer et surtout contrôler par l'expérience.

Ceci nous amène à dire que le jeune avocat ne doit faire ses premières armes au Palais que sous la direction d'un maître qui l'aura pris comme secrétaire, dont il aura vu, chaque jour, la pensée en travail et comme développée par la parole, auprès duquel enfin il apprendra la pratique des affaires.

Cet apprentissage sous un maître serait à peine relaté à cette place (Cicéron en a tant parlé!), si nous ne voulions profiter de notre remarque pour indiquer tout l'avantage des relations que doit se créer le secrétaire d'avocat. Ces relations avec des avoués, des officiers ministériels, et avec des clients constituent le vrai moyen pratique de se faire actuellement une situation au Palais. Le moyen est d'ailleurs si estimé que tous les maîtres de notre barreau moderne, les Waldeck-Rousseau, les Poincaré, les Demange, les Labori sont assiégés de demandes qui viennent même des membres les plus distingués de notre jeune barreau.

Nous tomberions dans le lieu commun, si nous parlions des qualités oratoires que doit posséder l'avocat; nous parlerons seulement, pour terminer, de la préparation intellectuelle qui doit être celle de l'avocat moderne.

Elle doit être aussi large que possible et dépasser de beaucoup ses études juridiques. Elle doit surtout lui donner beaucoup de souplesse d'esprit et de facilité d'assimilation. Aussi conseillerons-nous aux futurs avocats de prépareı, concurremment avec la licence de droit, une licence de lettres. Celle-cı exıgeıa d'eux une préparatıon écrite où ıls se rendıont mieux compte de la valeur de leur pensée et leur évitera surtout d'estımer, d'après leur vague facılıté oratoire, leur esprıt et leur savoir. Cette prépaıation écrıte les apprendra à écrııe et, par suite, à paıler.

Or, ıl faut bıen dıre que, si la plupaıt des avocats paılent si mal, c'est qu'ıls ne savent pas écııe du tout. Le faıt s'explique quand on consıdère que la plupart d'entre eux, dès l'école de droıt, ne prennent pas contact avec la dıfficulté du travail écııt. Ce sont des qualıtés artıficielles qui se développent en eux, depuis la dıx-huitième année : la mémoire par les études de droit et la facılıté d'élocution par les plaidoiries. Mais la plupart du temps, ces qualités ne s'appuient pas sur un esprıt assouplı par de sérieux travaux, oıné paı une bonne lıttérature, et ıompu, par l'étude approfondie de ceux qui ont raisonné, aux vraies méthodes du raisonnement.

Que le jeune avocat, au sortir du lycée, fıéquente donc la Faculté des lettres autant que l'école de droıt, l'éducation de celle-ci étant tout à faıt insuffisante pour l'espııt. Qu'il fasse une licence de lettıes, de préféıence une licence de philosophie. Rien ne donne à l'esprit plus de facılıté d'assimılation et de souplesse que le commerce des idées générales.

Ce n'est que s'il est à la fois un lettré, dans la solide acception du mot, et un juriste, que le jeune avocat peut réussir. Il lui est facile, d'aılleurs, en reconstituant la biographie des maîtres de notre barreau moderne, de constater que laplupart ont poussé leurs études de lettres bien plus loin que le baccalauréat.

Ces conseils se vérifient par l'expérience. A Paris surtout, dans les villes de nos départements aussi, 1 avocat sur 20 réussit. Il ne s'établit pas une moyenne. La raison de cette inégalité c'est que 19 avocats sur 20 sont des médiocres, ne sachant ni écrire, ni parler, encore moins calculer et dont toute la mentalité tient dans un facile et vain bavardage. Or le seul moyen de s'élever au-dessus de la médiocrité, dans la profession d'avocat surtout, ce ne serait pas de dire beaucoup de choses, ce serait d'en connaître bien quelques-unes.

Par suite, nos réflexions pessimistes du début doivent s'atténuer ici. Un jeune homme ayant fait de solides études classiques, les ayant continuées au-delà du baccalauréat, appuyant celles-ci sur un bon passé juridique, et qui débute à vingt-cinq dans un chef-lieu de département, n'a pas besoin pour atteindre vers trente-cinq ans, 10 à 12.000 francs d'honoraires, d'être un homme d'affaires consommé ou un descendant de Démosthène. Par des qualités moyennes de savoir et d'esprit, il peut s'élever rapidement au-dessus de la plupart de ses collègues.

Nous n'oserions dire la même chose cependant à l'occasion du barreau de Paris où, pour se faire remarquer au milieu de la foule pressée des *togati*, il ne faut plus seulement des qualités moyennes, mais des qualités brillantes.

Ce serait enfin méconnaître le plus envié des avantages de la profession d'avocat que de ne pas indiquer les liens qui l'unissent à la politique. Et par l'habitude de parler en public et par ses relations avec les clients, l'avocat est en effet un homme public tout préparé à devenir un homme politique. Mais nos étudiants en droits n'ignorent pas le chemin qui les mènera du prétoire aux réunions publiques. Du moins le connaîtront-ils toujours assez tôt, à une époque où en chacun de nos jeunes maîtres se cache un futur député et, à défaut, un futur conseiller d'arrondissement.

Aussi, de ce chemin plus escarpé que fleuri qui conduit à la vie politique, ne dirons-nous rien, nous contentant de rappeler qu'il existe. Il a suffi, en effet, à notre ambition de montrer comment on devient avocat sans rechercher comment on cesse de l'être.

AVOUÉ

Voici une vieille profession de la bourgeoisie française ; une profession de tout repos que le père lègue à son fils ou à son gendre, puisque la charge est redevenue vénale de nos jours, comme au temps de François Ier, et que les anciens procureurs, s'ils ont changé leurs noms, n'ont pas abandonné leurs prérogatives.

La charge d'avoué peut donc être, dans l'état actuel de la jurisprudence, l'objet de contrats de vente et se transmettre avec l'agrément, sans doute, du Gouvernement, qui s'est réservé le droit de délivrer la gestion de la charge à ceux qui lui sont présentés, mais qui la délivre, chaque fois que ce , derniers réunissent les conditions exigées.

Le nombre des offices est déterminé par le Gouvernement.

Les conditions d'investiture sont à la fois plus et moins difficiles que celles qui s'imposent pour la charge d'avocat. Si le grade de licencié en droit n'est pas nécessaire, et si le brevet de capacité suffit, sauf pour Paris où la Chambre des avoués exige la licence, il faut, d'un autre côté, pour être nommé avoué, justifier d'un stage de cléricature de cinq ans chez un avoué. Ce stage est réduit à trois ans pour les licenciés et les docteurs en droit.

En fait, d'ailleurs, et en raison de la complexité de leurs fonctions, les avoués sont presque tous licenciés ou docteurs en droit. Une charge d'avoué ne peut être délivrée qu'à partir de vingt-cinq ans.

En quoi consistent les fonctions des avoués ?

A *représenter* les intérêts du client, que l'avocat *défend*. Représenter, c'est faire ou recevoir les actes de procédure, et c'est rédiger les conclusions de la partie. C'est, d'après ces actes, d'après ces conclusions que l'avocat règle sa défense. On voit par suite combien est important, dans un procès, le rôle de l'avoué. Il doit être continuellement au Palais, à côté de l'avocat et inscrire, en quelque manière, sur le papier timbré toutes les phases d'une affaire. On voit, en outre, combien doivent être sérieuses ses connaissances pratiques en droit. Il ne lui suffit pas d'être licencié ou docteur en droit; il faut qu'il ait passé par l'étude d'un notaire, puis par celle d'un avoué, et qu'il soit instruit aussi bien des questions de contrat et d'hypothèques que de toutes les subtilités de la procédure.

L'avoué laisse d'ailleurs à son principal clerc le soin de la rédaction des actes de procédure et des conclusions. Il ne fait guère que les indiquer et les apporter de la Cour ou du Tribunal où il suit les affaires.

Son costume, à l'audience, consiste en une toge en laine à manches larges avec la toque et la cravate semblable à celle des juges. L'avoué prend place à côté des avocats et, toujours découvert, peut demeurer assis, sauf lorsqu'il s'adresse au Tribunal ou lorsque l'avocat lit des conclusions.

A qui conviennent les charges d'avoués ?

D'abord aux jeunes gens qui sont susceptibles de les acheter. Le prix d'une charge d'avoué est estimée à sept fois le produit annuel, calculé sur la moyenne des cinq dernières années. A Paris, le produit d'une charge d'avoué varie entre 50.000 et 300.000 francs. En province, ces chiffres sont bien réduits. Ce revenu varie entre 10.000 et 80.000 francs.

Mais il ne suffit pas, pour bien gérer une charge d'avoué, d'avoir les fonds nécessaires et les titres requis pour l'acheter. La profession d'avoué exige en effet des qualités plus précises que celle d'avocat. Tout d'abord une connaissance très vivante du droit pratique qui permette d'engager une affaire et de la présenter : un esprit ordonné, habile à saisir, à classer et à retenir les moindres détails, le goût du travail. La tâche de l'avoué, qui est déjà lourde au Palais, est, en effet, dans son cabinet, plus importante que celle de l'avocat, puisqu'elle consiste sinon dans la rédaction, du moins dans la direction de la procédure.

Les avoués sont soumis au tarif de 1807, qui divise les affaires en deux catégories : les affaires sommaires ou commerciales, les affaires ordinaires ou civiles.

Dans les affaires sommaires, les émoluments sont très réduits, un droit de 30, 40 ou 60 francs est seul requis, déboursés en plus.

Dans les affaires ordinaires, l'avoué touche un droit de conseil de 10 ou 20 francs, un certain nombre de vacations, un émolument sur conclusions grossoyées, suivant l'importance de l'affaire, mais dont le montant dépasse rarement 900 francs, enfin un droit de correspondance dans certains cas seulement.

Un décret (15 octobre 1903) visant la réforme des frais de justice avait mis en vigueur un nouveau tarif supprimant les deux sortes d'affaires, n'en formant plus qu'une catégorie, et qui accordait aux avoués :

Un droit de conseil de 25 francs.

Un droit de formalités de 40 à 80 francs.

Un droit d'instruction évalué en p. 0/0.

Un droit de correspondance.

Ce tarif avantageux pour les avoués souleva de nombreuses contestations : il était, paraît-il, plus onéreux pour les petits plaideurs. Aussi un décret du 14 juin 1904 le rapporta et remit en vigueur le tarif de 1807.

La réforme des frais de justice qui a fait déjà un pas, sera reprise dans un temps peut-être très prochain. Il serait oiseux d'en prévoir les effets qui pourront changer tant les situations d'avoués que celles de leurs employés, surtout de ces derniers, qui vivent plus par leurs écritures que par leurs appointements, et qui perdront certainement à être au fixe : l'application du décret du 15 octobre 1903 leur en a d'ailleurs donné déjà un aperçu désastreux.

Clercs d'avoués

Les avoués peuvent se diviser en deux catégories :

Celle des avoués près le Tribunal civil.

Celle des avoués près la Cour.

Des différences assez grandes existent entre les deux, surtout au point de vue de l'importance des études, de leur prix d'achat, et par conséquent de leur revenu.

En première instance, les études étant plus importantes nécessitent un personnel plus nombreux qui se décompose ainsi.

Un ou deux principaux clercs, qui pour la plupart sont des jeunes gens ayant fait leurs études de droit, et qui accomplissent un stage pour leur permettre de traiter à leur tour. Leurs appointements sont fort minimes (100 fr. par mois.)

Un ou deux seconds clercs très médiocrement rétribués.

Enfin les expéditionnaires qui ont un fixe et des travaux supplémentaires.

En appel, au contraire, les études sont plus restreintes, à Paris même, les trois quarts n'ont qu'un principal clerc et un petit clerc.

Les plus fortes ont un principal clerc, homme du métier ayant commencé très jeune dans la procédure et connaissant par suite à fond, les rouages de la procédure. Sa situation est très rémunérative ; ses appointements fixes et les bénéfices sur écritures lui assurent une situation qui n'est jamais moindre de 5.000 francs, et qui va jusqu'à 10.000 francs.

A Paris, les études de première instance valent de 250.000 à 800.000 francs.

Les études d'appel de 200.000 à 500.000 francs.

En province, les prix sont à peu près les mêmes pour les deux catégories d'avoués, et valient de 80.000 à 300.000 francs.

NOTAIRE

La loi a défini le notaire : un fonctionnaire public établi pour recevoir tous les actes et contrats auxquels les parties doivent ou veulent faire donner le caractère d'authenticité attaché aux actes de l'autorité publique et pour en assurer la date ou conserver le dépôt et en délivrer des copies.

Vie professionnelle, aptitudes d'esprit et habitudes

La vie du notaire est une vie presque toujours sédentaire. Son ressort étant limité comme nous le verrons et les affaires ne se traitant qu'à l'étude ou au domicile du client, son activité physique est nulle dans l'exercice de sa profession.

De la définition que nous en avons donnée, résultent les

qualités et les aptitudes nécessaires à la fonction. Voyons ce que fait le notaire.

Les clients se présentent à l'étude, désirant faire rédiger une vente, un contrat de mariage, un prêt hypothécaire, etc. Le notaire, après les avoir entendus et provoqué leurs explications, verra le genre d'affaire qu'ils désirent traiter ; il s'assurera de leur identité si elle ne lui est déjà connue, de leur capacité juridique, de leurs moyens financiers, du but apparent ou caché de leur démarche. Puis il leur résumera d'une façon aussi précise que possible leur manière de voir. Il leur exposera les résultats favorables ou défavorables qui, d'après son expérience, pourront en résulter. Il leur suggérera des solutions soit différentes, soit atténuées ; il leur déconseillera même la chose si, à son avis, elle doit entraîner des désavantages moraux ou financiers. Il pacifiera les esprits en lutte, proposera des transactions, des arbitrages, mettra de l'huile dans les rouages, assurera la paix des familles ; enfin, tout vu et examiné, il rédigera la convention dans le sens convenu, en ayant soin, non seulement de ne rien oublier de ce qui a été résolu, mais encore en veillant avec le plus grand soin à tout préciser, à ne laisser rien d'obscur ou d'ambigu, en restant dans les bornes de la plus stricte économie des deniers de ses clients, tant au point de vue de ses honoraires qu'au point de vue des droits à percevoir par le fisc.

La vie du notaire est donc une vie très sérieuse. Non seulement il doit avoir l'esprit perpétuellement tendu pendant son travail, de manière à tout préciser, à ne laisser prise, dans la rédaction de ses actes, ni à la chicane, ni aux responsabilités pécuniaires, parfois fort graves, que peuvent entraîner pour lui un paragraphe, un mot, une ponctuation même oubliée ou mise mal à propos ; mais encore il

doit avoir la perspicacité qui élucide les questions, souvent
bien ténébreuses, bien enchevêtrées qui se posent à lui.
Dans bien des cas, il lui faut encore la promptitude à résoudre
certaines difficultés ; dans tous, du reste, la dignité, la retenue et la modération extrême sans lesquelles la confiance
de sa clientèle s'évanouirait rapidement.

Qualités professionnelles. — Stage
Clercs. — Examens

De la possibilité de faire dans les limites de la compétence territoriale tous les actes auxquels les parties veulent
ou doivent donner l'authenticité découlent évidemment
les qualités professionnelles nécessaires au notaire.

A priori, pour répondre presque toujours à brûle-pour-
point aux questions posées par ses clients et les rédiger
ensuite, le notaire doit posséder une connaissance approfondie du droit, et le travail des auteurs sera indispensable ;
mais les connaissances qu'il y puisera, quelque excellentes
qu'elles soient, seront encore insuffisantes. Il ne trouvera
dans les ouvrages ou dans l'audition des cours, que l'exposition plus ou moins théorique ou spéciale de sujets déterminés. En se bornant à cela, il pourra devenir un théori-
cien parfait, il ne sera jamais un praticien. Et la chose est
tellement connue que, bien peu pèsent aux yeux des
hommes du métier, les diplômes universitaires, critérium
assez peu sûr d'une culture générale et certainement inu-
tilisable pour faire la preuve d'une compétence pratique.

C'est pour cette raison que, depuis l'apparition du

notariat, le stage a toujours été exigé de tous les candidats.

C'est en effet, dans l'étude que le futur notaire acquerra cette expérience, cette lucidité d'esprit spéciale lui permettant de saisir dans les explications, plus ou moins claires des clients, la solution à prendre, le conseil à donner pour garder les intérêts en jeu, pour agir d'une façon loyale, rapide et économique, cette pondération, cette application d'esprit qui lui permettront de ne laisser échapper de ses lèvres ou de sa plume, rien qui ne soit raisonné, voulu, clair et indiscutable.

Il apprendra là à choisir, doser et amalgamer en un tout harmonieux, les formules qu'ont créées, pour l'exécution d'un grand nombre d'actes, des hommes forts en doctrine et en jurisprudence et imprégnés des nécessités de la pratique.

La loi du 2 août 1902 (art. 35) s'exprime ainsi : « Pour être admis aux fonctions de notaire, il faudra : 1° jouir de l'exercice des droits de citoyen; 2° avoir satisfait aux lois sur le recrutement de l'armée; 3° être âgé de vingt-cinq ans accomplis; 4° justifier du temps de travail prescrit par les articles suivants; 5° et avoir subi, avec succès, l'examen professionnel.

D'autre part, le temps de stage sera de six années entières et consécutives, dont deux au moins en qualité de premier clerc. Une de ces deux années devra être accomplie dans un office d'une classe au moins égale à celle de l'office dont le titulaire sera à remplacer. Le temps de stage ne sera que de quatre années, dont une au moins, en qualité de premier clerc, si le candidat justifie du diplôme de docteur ou de licencié-en-droit ou du certificat d'élève diplômé d'une école de notariat reconnue par l'État.

Nul ne sera admis au stage s'il n'est âgé de dix-sept ans.

Pour le passage du grade de clerc en second au grade de

clerc en premier, comme du passage de premier clerc à celui
de notaire, il faut justifier avoir subi avec succès un examen
professionnel comprenant deux épreuves : l'une écrite, dans
laquelle l'aspirant rédigera au moins deux formules d'acte ;
l'autre, orale et publique, portant sur l'ensemble des connaissances pratiques nécessaires à l'exercice du notariat.

Exercice de la profession.
Acquisition de charge. — Compétence.
Honoraires. — Discipline.

Les notaires sont institués à vie. Le droit de présentation d'un successeur constitue actuellement pour eux une
quasi propriété de leur charge ; cependant cette propriété
est limitée par le droit qu'a la Chancellerie de réduire,
dans une certaine mesure, les prix de vente des offices
quand ceux-ci lui semblent exagérés.

Obligés de prêter leur ministère quand ils en sont requis,
les notaires doivent résider dans le lieu fixé par le Gouvernement et, en cas de contravention, sont considérés
comme démissionnaires.

Ils exercent leur fonction, savoir : ceux des villes siège
d'une Cour d'appel, dans le ressort de cette Cour ; — ceux
des villes siège d'un tribunal de 1re instance, dans le ressort
du tribunal ; ceux des autres communes, dans le ressort
du tribunal de paix.

Il leur est défendu d'exercer hors de ces limites ; mais
dans leur ressorts, ils sont compétents pour tous les actes.

Ils ne peuvent percevoir d'autres honoraires que ceux

fixés par les lois ou les règlements approuvés par les Chambres de leur ressort, sous peine de poursuites disciplinaires infligées par le Parquet ou lesdites Chambres, punitions qui peuvent aller jusqu'à la suspension et même la révocation.

Risques et dangers. — Cautionnement

Des quelques notions que nous venons de donner, il ressort que la fonction du notaire n'est pas celle d'un simple rédacteur d'actes ou de contrats. Appelés par la confiance de leurs clients à rédiger des conventions qui doivent régler la situation morale ou financière de ceux-ci pour des laps de temps parfois fort longs, rémunérés pour ces travaux d'une façon qui leur permet, lorsque leur compétence a été à hauteur des situations, de gagner honorablement leur vie, il était de toute justice qu'une sanction vînt aussi frapper les fautes, plus ou moins lourdes, que leur incompétence, leur inattention ou leur négligence leur fait commettre. Le législateur n'y a pas manqué et, dans l'article 68 de la loi de ventôse an XI, il en pose le principe. En effet, après avoir énuméré les contraventions qui entraînent la nullité des actes, il ajoute : « Sauf, s'il y a lieu, les dommages-intérêts contre le notaire contrevenant. »

C'est devant les tribunaux que se dénouent les actions intentées contre les notaires par les clients mécontents ou lésés, et la justice n'est point tendre pour les notaires. Combien d'entre eux se sont vus ruinés par suite de l'inaccomplissement de formalités, en apparence dénuées de

grande importance, qu'une inattention d'un moment leur
a fait oublier.

En matière de testament, placements hypothécaires surtout, leur responsabilité a de tout temps été très lourde.

Ce principe de la responsabilité a entraîné la création
du cautionnement, dont le montant a été fixé par la loi du
28 avril 1816, propoitionnellement au nombre des habitants
de la résidence du notaire et suivant la classe à laquelle il
appartient; il peut vaiier dans les limites de 4.800 francs
pour les résidences de la campagne, à 50.000 francs pour
les notaires de Paris; bien entendu ce cautionnement
laisse intact, en cas d'insuffisance, l'action des clients sur
le restant de la foitune personnelle du notaire.

Prix des études

Comme nous l'avons déjà dit, le notaire est, en fait, propriétaire de son office; l'ayant acheté, il peut le vendre,
et il subira dans une certaine mesure les variations de la
loi de l'offre et de la demande. Cependant, dans un but facile
à comprendre et pour éviter que le notaire, après avoir
payé trop cher une charge, n'en vînt à vouloir iéparer, sur
le dos de ses clients, les pertes qu'il a pu faire ou cru
faiie, la Chancellerie se iéserve de diminuer les prix des
offices qu'elle considère comme exagérés. Comme base,
elle fait établir des états de produits des cinq dernièies
années; elle en prend la moyenne, et le chiffre ainsi obtenu,
multiplié par 5, 6 ou même 7, forme, suivant son appréciation, le prix limite hois de laquelle la convention tombera
pour tout ce qui dépasse.

Admission au stage

Sous l'empire de l'Ordonnance du 4 janvier 1843, l'aspirant devait, pour être admis à l'inscription du stage, présenter à la Chambre des notaires de son arrondissement :

1° Son acte de naissance, afin de justifier qu'il était âgé de dix-sept ans accomplis ;

2° Un certificat du notaire à l'étude duquel il était attaché, pour faire connaître le grade qui lui était conféré dans la cléricature.

D'après la loi nouvelle, indépendamment de ces deux pièces, l'aspirant doit produire un certificat de bonne vie et mœurs qui est délivré par le maire de sa commune.

Durée du stage

Pour être admis aux fonctions de notaire, il faudra : 1° jouir de l'exercice des droits de citoyen; 2° avoir satisfait aux lois sur le recrutement de l'armée; 3° être âgé de vingt-cinq ans accomplis ; 4° justifier du temps de travail prescrit; 5° avoir subi avec succès l'examen professionnel ci-après :

Le temps de travail ou de stage sera, sauf les exceptions ci-après, de six années entières et non interrompues, dont deux au moins en qualité de premier clerc. Une de ces deux années devra être accomplie dans un office d'une classe au moins égale à celle de l'office dont le titulaire sera à remplacer.

Le temps de stage ne sera que de quatre années, dont une au moins en qualité de premier clerc, si le candidat justifie du diplôme de docteur ou de licencié en droit, ou du certificat d'élève diplomé d'une école de notariat reconnue par l'État.

Les membres des tribunaux civils ou des cours ayant au moins deux ans de fonctions, les avoués et les avocats ayant au moins deux ans d'inscription au tableau, les receveurs et les agents supérieurs de l'administration de l'enregistrement, les greffiers en chef des cours et tribunaux civils, licenciés en droit, ayant exercé leurs fonctions pendant cinq ans au moins, pourront être admis aux fonctions de notaire en vertu d'une dispense expresse du Garde des Sceaux, en justifiant d'une année de stage dans une étude de notaire d'une classe égale à celle à laquelle aspire le candidat et après avoir subi avec succès l'examen indiqué ci-après.

Le notaire en exercice n'aura besoin d'aucune nouvelle justification pour être admis à une place de notaire vacante, même dans une classe supérieure à celle à laquelle il appartient.

Nul ne sera admis à l'inscription du stage, s'il ne justifie qu'il est âgé de dix-sept ans accomplis et s'il ne produit un certificat de bonnes vie et mœurs.

L'aspirant au notariat n'obtiendra un avancement de grade que sur la production d'un certificat délivré par le notaire chez lequel il travaillera.

Ce certificat renfermera des renseignements précis et détaillés sur les aptitudes, la capacité et la moralité de l'aspirant.

Si la mutation de grade s'effectue dans un autre arrondissement que celui où l'aspirant était déjà inscrit, celui-ci devra joindre au certificat ci-dessus un certificat de capacité et de moralité délivré par la Chambre de discipline dans le ressort de laquelle il travaillait.

Examens de premier clerc

La loi de ventôse et l'Ordonnance de 1843 ne prescrivaient aucune formalité particulière pour l'obtention de l'inscription de premier clerc.

Mais un certain nombre de Chambres de notaires, considérant l'importance de ces fonctions, avaient décidé que cette inscription ne serait accordée qu'après un examen spécial passé devant elles.

Dans quelques arrondissements, cet examen comprenait une épreuve écrite et une épreuve orale; dans d'autres, il consistait uniquement dans une épreuve écrite.

La loi du 12 août 1902 a rendu obligatoire cet examen de premier clerc devant toutes les Chambres de notaires sans exception..

L'examen comprend une épreuve écrite et une épreuve orale. La délibération motivée qui est prise par la Chambre vise la capacité et la moralité du candidat.

Examen professionnel devant le jury départemental

DIPLOME D'APTITUDE. — SUBSTITUTION AU CERTIFICAT DE CAPACITÉ
DÉLIVRÉ PAR LES CHAMBRES DE NOTAIRES
DU DIPLÔME D'APTITUDE CONFÉRÉ PAR UN JURY DÉPARTEMENTAL

Sous l'empire de la loi de ventôse, la Chambre de discipline du ressort dans lequel un aspirant devait exercer les fonctions notariales était chargée de délivrer au candidat, au moment où il sollicitait sa nomination, un certificat de moralité et de capacité.

La Chambre avait le droit de s'entourer, pour la délivrance de ce certificat, de tous les renseignements et de toutes les garanties qu'elle jugeait convenables; mais aucune disposition légale ne lui imposait l'obligation de faire subir un examen au candidat.

D'après l'article 42 de la loi du 12 août 1902, tout aspirant qui voudra être investi des fonctions de notaire produira, avec le diplôme d'aptitude, un avis de la Chambre de discipline du ressort dans lequel il se propose d'exercer, et un certificat de chaque Chambre dans le ressort de laquelle il aura travaillé, constatant la durée de son stage et sa moralité.

Aucun aspirant ne sera admis aux fonctions de notaire s'il ne justifie avoir subi avec succès un examen professionnel.

Cet examen comprend deux épreuves : l'une écrite, dans laquelle l'aspirant rédigera au moins deux formules d'actes; l'autre orale, qui portera sur l'ensemble des connaissances juridiques nécessaires à l'exercice du notariat.

Les épreuves orales seront subies publiquement. L'examen sera passé au chef-lieu du département dans lequel l'aspirant sera inscrit au stage, devant une Commission spéciale réunie sur la convocation du président de la Chambre des notaires du chef-lieu, composée de cinq membres au moins, et comprenant :

Le président ou le syndic de la Chambre des notaires du chef-lieu de département qui en aura la présidence, et un ou plusieurs notaires délégués par chacune des Chambres du département;

Et un agent supérieur de l'Enregistrement désigné par la direction.

L'examen devra être passé avant tout traité de cession d'office; mais le diplôme d'aptitude ne sera délivré par le Secrétariat de la Chambre dépositaire du rapport de la Commission d'examen qu'au moment de la confection, par le parquet, du dossier de présentation du candidat.

A Paris, la Chambre des notaires fait fonctions de Commission spéciale; il lui est adjoint un agent supérieur de l'Enregistrement désigné par le directeur.

Il en sera de même dans les départements où il n'existerait qu'une seule chambre des notaires.

Tout candidat dont l'insuffisance aura été constatée dans l'une et l'autre des deux épreuves sera ajourné et ne pourra subir un nouvel examen avant le délai d'un an.

Il est établi au profit des bourses communes des droits d'inscription et d'examen.

Ces droits sont fixés ainsi qu'il suit :

Pour chaque inscription sur le registre du stage, 5 francs;

Pour l'examen de premier clerc, 20 francs;

Pour l'examen d'aptitude aux fonctions de notaires, 40 francs.

L'aspirant ayant fait son stage en Algérie pourra y être nommé notaire en justifiant outre d'un stage de six ans, du certificat de capacité et de moralité prescrit par l'article 6 de l'arrêté ministériel du 30 décembre 1842 et par l'arrêté ministériel du 16 avril 1858.

Mais, pour être admis aux fonctions de notaire en France, il devra subir l'examen exigé ci-dessus et en outre justifier d'un stage de six années en France ou en Algérie, dont la dernière au moins en qualité de premier clerc dans une étude de France d'une classe au moins égale à celle de l'office du notaire qu'il doit remplacer.

Époques des sessions d'examen

La loi n'a point fixé les époques de réunions de la Commission d'examen; mais la circulaire du Ministre de la Justice du 16 août 1902 s'exprime ainsi à cet égard :

« La Commission d'examen peut être réunie à toute époque de l'année, s'il y a urgence, sur la convocation de son président; mais il semble qu'il conviendrait, sans préjudice des sessions extraordinaires, d'instituer des sessions ordinaires et trimestrielles qui pourraient avoir lieu, chaque année, dans la première quinzaine des mois de janvier, avril, juillet et octobre. »

Dispositions transitoires

Le dernier article de la loi du 12 août 1902 est ainsi conçu :

Par mesure transitoire, les dispositions de la présente loi relative au stage n'entreront en vigueur que dans un délai de deux ans, à partir de la promulgation. Elles ne seront à aucun moment applicables aux aspirants qui, au jour de la promulgation de la loi nouvelle, auront accompli le temps de stage prescrit par la loi du 25 ventôse an XI.

Dans tous les cas, les aspirants ne sauraient être dispensés de subir l'examen prévu ci-dessus.

CLERC DE NOTAIRE

Comme toutes les armées, celle de la basoche doit compter, plus encore que des chefs, des soldats ainsi que des serre-files. Et si nous avons vu qu'avocats et avoués, avant de paraître à la barre, pour défendre ou représenter les intérêts de leurs clients doivent humblement se condamner à « gratter » le papier timbré, nous devons signaler aussi qu'on ne noircit pas toujours le parchemin de la chicane avec l'espoir d'imposer cette tâche aux autres, qu'on peut, au contraire, si l'on est d'âme modeste et d'humeur prudente, le noircir dès quinze ans avec l'espoir de le noircir toute sa vie, qu'en fin de compte la profession de clerc de notaire peut être considérée pour elle-même et comme une carrière libérale.

Voici un jeune homme qui sort de l'école primaire, il a son certificat d'études ou mieux son brevet élémentaire.

S'il peut devenir un bon ouvrier, nous l'engageons à entrer en apprentissage; il fera mieux d'apprendre un métier que de devenir rond de cuir : il y gagnera autant, aura plus d'indépendance et plus de dignité dans sa vie.

Mais, pour une raison quelconque, infirmité, santé délicate, ou telle autre, on veut faire de lui un bureaucrate. Quelle profession va-t-il choisir?

Une des professions que nous lui signalerons est la cléricature dans des études de notaires.

S'il est intelligent, travailleur, persévérant, honnête et sérieux, il fera dans cette profession une carrière très honorable et très convenablement rétribuée.

Il débutera en cherchant une place d'expéditionnaire dans l'étude la plus proche de la demeure de ses parents. Il faut en effet qu'il fasse des débuts dans les conditions les plus économiques possibles.

Le premier mois, il gagnera peu; puis, s'il convient au notaire, s'il a une bonne écriture et s'il expédie vite et bien, il gagnera 25 francs par mois.

En demandant des conseils au premier clerc ou au patron, il étudiera le droit civil et les éléments du notariat, il cherchera à comprendre ce qu'il copie et, au bout de quelques mois, on lui donnera à faire tout seul des bordereaux de renouvellement d'inscriptions hypothécaires, des procurations, de petites ventes. S'il comprend ce qui se passe autour de lui, s'il a lu les ouvrages qu'on lui a prêtés, s'il les a compris, il fera convenablement la besogne élémentaire qu'on lui aura confiée; il sera d'ailleurs aidé pour cela par des formulaires très bien faits et très documentés.

Peu à peu, après les bordereaux, les procurations, les mainlevées d'hypothèques simples, on lui donnera des ventes, d'abord ordinaires, puis un peu plus compliquées, avec des origines de propriétés un peu difficiles, des conditions sortant de l'ordinaire.

Il fera des brouillons, et, s'il a affaire à un patron bienveillant, à un premier clerc complaisant, ils lui corrigeront ses brouillons, et il n'aura qu'à les mettre au net, car il ne faut pas gâcher le papier timbré qui coûte cher et pour lequel on lui inspirera un saint respect dès son entrée dans l'étude.

Voilà notre jeune homme lancé tout à fait dans le notariat; il est capable de faire un troisième clerc, et ses appointements s'en ressentent.

Lorsqu'il aura acquis un peu plus de connaissances, le second clerc partira sans doute, et il se trouvera apte à prendre la place. Comme c'est un professionnel de la cléricature, il gagnera 50 francs par mois.

Qu'une place plus lucrative s'offre au bout de quelques temps dans une ville voisine ou même éloignée, il pourra y aspirer et gagner là 100 francs par mois.

En effet, jusqu'à maintenant, nous avons supposé qu'il vivait dans sa famille; il n'aurait pas pu s'en tirer autrement.

Cent francs par mois, ce n'est pas le Pérou, mais avec de l'économie et en se créant quelques profits en dehors de l'étude, on peut arriver à vivre honorablement; c'est le pied à l'étrier. Combien de jeunes gens ne gagnent pas 1.200 francs par an, à vingt-deux ou vingt-trois ans !

Notre clerc pourra, au bout de deux ou trois ans, entrer dans une étude plus importante, soit comme premier clerc, soit comme caissier, il n'aura plus qu'à se perfectionner dans la connaissance de son métier; comme premier clerc ou caissier, il gagnera facilement de 15 à 1800 francs; il aura à ce moment de vingt-cinq à vingt-huit ans.

Sa situation sera faite alors; il apprendra le fin du fin de son métier, il abordera les liquidations, les quittances d'ordre, et, quand il saura se débrouiller dans les dossiers compliqués que représentent les affaires de cette nature, il pourra devenir principal clerc et gagner alors de 2.000 à environ 2.400 francs.

Après deux ou trois années de principale cléricature et d'études personnelles en même temps que de pratique professionnelle plus approfondie, notre jeune homme passera l'examen de principal clerc. S'il est reçu et s'il a le diplôme ou le certificat officiel d'aptitude à l'emploi de principal clerc, le voilà tout à fait en possession de sa profession.

Il peut aller en ville et trouver une place de 3.000, de 3.600 francs et même davantage lorsqu'il connaîtra l'étude et la clientèle; comme il sera un professionnel de la cléricature, il pourra avoir des prétentions plus grandes qu'un jeune homme qui ne travaille qu'avec l'idée de quitter la cléricature pour le patronat. Les notaires, s'il est bien noté, rechercheront sa collaboration, et, à trente-cinq ans, il peut parfaitement gagner 4.000 francs dans une étude importante, dont il deviendra un accessoire à vie.

Dès qu'il gagnera 2.400 francs, c'est-à-dire vers trente ans, il pourra se marier. Il trouvera une jeune fille qui lui apportera une petite dot, ce qui augmentera ses revenus.

Il aura alors à lutter contre la tentation de devenir lui-même notaire, d'acheter une étude de minime importance; mais il ne succombera pas à la tentation; il demeurera clerc jusqu'à la fin de ses jours et s'en trouvera bien.

Dans tout cela, dira-t-on, il n'aura pas de retraite, tandis que, s'il était entré dans une administration, avec ses aptitudes, il serait arrivé à une retraite.

Et d'abord si notre homme est avisé, il aura une retraite, et cela à cinquante ans; il n'aura pour cela qu'à verser régulièrement à la Caisse nationale des Retraites, et il aura à cinquante ans une retraite payée par l'État chez le percepteur, comme un instituteur, un employé des contributions indirectes ou un brigadier de gendarmerie en retraite.

Et, s'il a su arranger ses affaires, les fonds qu'il aura versés à la Caisse des retraites reviendront à ses héritiers s'il meurt avant d'avoir droit à cette retraite. Or c'est un avantage qu'on ne trouve pas dans les administrations.

Voilà une profession intéressante, très honorable, très sûre, et suffisamment lucrative pour donner à réfléchir aux lecteurs.

AVOCAT AU CONSEIL D'ÉTAT

et à

LA COUR DE CASSATION

Ce sont des avocats qui plaident à l'exclusion de tous autres devant ces deux juridictions. Ils font, d'ailleurs, devant ces deux juridictions, l'office d'avoués et se chargent comme tels de toute la procédure des affaires qu'ils défendent ensuite comme avocats.

Ils sont de véritables officiers ministériels, en possession de charges vénales, au même titre que celle d'avoué. Le prix de ces charges est d'environ six fois leur revenu. Celui-ci peut varier entre 25.000 et 60.000 francs. Les avocats au Conseil d'État et à la Cour de Cassation versent un cautionnement de 7.000 francs.

Pour prendre l'une de ces charges, il faut avoir vingt-cinq ans au moins, justifier d'un titre d'avocat ainsi que d'un stage de trois ans près d'une Cour d'appel ou d'un Tribunal civil et subir devant le Conseil de l'Ordre des avocats au Conseil d'État et à la Cour de cassation un examen sur les matières dont la connaissance est le plus nécessaire à la pratique de leur charge.

Le Conseil d'État et la Cour de cassation étant, l'un dans l'ordre administratif, l'autre dans l'ordre judiciaire, les tribunaux qui jugent en dernier ressort, on conçoit que les affaires qui leur sont soumises ont atteint le plus souvent le maximum de complexité. Par suite, le candidat à une charge d'avocat au Conseil d'État devra posséder une science approfondie du droit et, notamment, du droit administratif. C'est, en effet, dans les affaires de contentieux administratif que les avocats au Conseil d'État ont à plaider devant ce haut tribunal, soit qu'ils défendent les intérêts de l'État, soit qu'ils défendent les intérêts des parties. Pour acquérir cette science, il sera bon que le futur candidat à cette charge fasse un long stage chez un avocat d'affaires, de préférence même chez un avocat au Conseil d'État. Ce ne serait pas pour lui une préparation que de s'essayer à plaider.

Situation honorable et avantageuse, moins pénible que celle d'avoué et relevée encore d'un titre officiel : ce qui est, comme chacun sait, fort apprécié dans notre pays.

GREFFIER

La situation du greffier tient à la fois du fonctionnaire et de l'officier ministériel.

En tant que fonctionnaires, les greffiers reçoivent des traitements fixes, que nous indiquons ci-dessous.

Cour de cassation: 30.000 francs sur lesquels le greffier doit payer quatre commis-greffier ;

Cour d'Appel de Paris: Greffier en Chef: 8.000 francs; commis-greffier : 5.000 francs ;

Dans les autres Cours d'appel, les greffiers en chef touchent 4.200 francs et les commis-greffiers, 3.500 francs;

Pour les tribunaux de première instance, les indemnités accordées aux greffiers sont de 6.000, 2.400, 1.500 et 1.200 francs.

Le rôle officiel du greffier consiste à tenir sur des registres spéciaux les minutes judiciaires, par suite à assister aux audiences.

En tant qu'officier ministériel, le greffier délivre copie de ces actes, moyennant finance. C'est par là qu'il lui est possible d'augmenter ses appointements et qu'il devient un véritable officier ministériel, en possession d'une charge vénale et transmissible.

Les greffiers sont nommés sur la proposition du Ministre de la Justice par le Chef de l'État. Pour être greffier près d'une Cour d'appel, il faut avoir vingt-sept ans et être licencié en droit. Pour être greffier près d'un tribunal, il suffit d'avoir vingt-cinq ans.

A chaque justice de paix est attaché un greffe pour lequel le titulaire touche un traitement de 850 francs. Mais c'est surtout dans les justices de paix que le greffier peut remplir avec le plus de profit et de facilité ses fonctions d'officier ministériel, ayant au même titre que les notaires, les huissiers et les commissaires-priseurs le droit de procéder aux ventes mobilières. Il pourra dans une petite ville plus que dans une grande leur faire concurrence avec avantage. Rien ne l'empêchera d'être agent d'affaires, de se livrer au courtage d'assurances-vie et incendie et de grossir jusqu'à 10.000 francs son maigre traitement de 850 francs.

Comme, dans la profession qui nous occupe, c'est surtout l'homme qui fait valoir la charge, il ne faut pas s'étonner de ce que le prix des greffes s'espace sur une longue échelle. Il est de 25.000 à 50.000 francs pour les tribunaux de 1re instance, et de 8.000 à 50.000 pour les justices de paix. A Paris, le prix d'une greffe de justice de Paix varie entre 100.000 et 300.000 francs. Dans tous les cas, la cession se fait à l'amiable.

Les greffes de Cour d'appel exigent de sérieuses connaissances juridiques et de rédactions. Par ses relations avec les avocats, les clients et surtout les avoués, le greffier en chef ne doit guère être inférieur à ces derniers.

Pour les Tribunaux de 1re instance et de justice de paix, la situation devient plus modeste et plus facile à remplir.

Aussi conseillerons-nous volontiers cette situation aux jeunes gens qui, sans grande aptitude pour les études, sont néanmoins actifs et capables d'acquérir la pratique des affaires. S'ils n'ont pas de grandes ambitions, ils seront satisfaits du placement sûr des quelques milliers de francs que leur aura coûté leur charge.

COMMISSAIRES-PRISEURS

Ce sont des officiers ministériels chargés de la prisée c'est-à-dire de l'estimation et de la vente de tous les meubles corporels. Ils en sont exclusivement chargés dans les villes où ils sont établis. Ils partagent ce droit, dans le reste de l'arrondissement, avec les notaires, les greffiers et les huissiers.

Dans tout chef-lieu d'arrondissement, et dans toute ville de plus de 5.000 habitants, il peut être créé un office de commissaire-priseur. Mais, en raison du caractère spécial de la fonction de commissaire-priseur, on n'en compte en France que 417, dont 80 à Paris.

Les commissaires-priseurs sont nommés par décret du Président de la République. Ils achètent leur charge qui est évaluée à 15 0/0 environ du produit annuel. Ils fournissent un cautionnement qui est de 20.000 francs pour Paris, et qui dans les autres villes, varie entre 5.000 et 20.000 francs.

Pour tenir un office de commissaire-priseur, il faut être âgé de vingt-cinq ans et justifier d'un stage de deux ans au moins dans une étude de notaire, d'avoué, d'huissier ou de commissaire-priseur.

Les honoraires des commissaires-priseurs se répartissent en droits de prisée (6 francs et 5 francs par vacation de trois heures) et en droit de vente (6 0/0 du produit de chaque vente).

Le produit des charges de commissaire-priseur est extrêmement variable. On conçoit en effet qu'il soit difficile de se faire une clientèle dans une telle profession. Aussi les commissaires-priseurs d'une même ville, quand ils sont plusieurs, ont-il organisé une espèce de cagnotte dite *bourse commune*, où chacun d'eux verse les deux cinquièmes de ses émoluments. Chaque deux mois, le produit de cette cagnotte est réparti entre les ayant droit : ce qui diminue les différences entre les produits de chaque office.

La plupart des commissaires-priseurs sont d'anciens étudiants en droit qui, faute d'argent, de temps, ou d'aptitudes n'ont pas poussé leurs études vers le notariat, le barreau ou une charge d'avoué. Ce sont aussi d'anciens clercs d'avoué, d'huissier, de commissaire-priseur.

La profession de commissaire-priseur exige peu de qualités ; mais celles-ci sont bien spéciales et consistent à savoir, comme on dit, pousser une vente.

Sans doute nous ne confondons pas le commissaire priseur avec le pauvre Tabarin qui, pour quelques francs, disperse les intimités des vieux meubles, à grand renfort de boniment, aux quatre coins de la salle des ventes. Pourtant, il faut bien que le maître, même avec son marteau d'ébène et dans son fauteuil, ressemble au valet hissé sur le tréteau. Il lui faut un enjouement factice, une certaine jovialité banale et accessible à tous, l'art de faire valoir les objets, vus de loin, par des phrases à effet, en un mot un ensemble de qualités qui ne paraissent pas exagérées, dans l'optique spéciale de la salle des ventes, mais qui heureusement ne sont que les qualités du petit nombre; ce qui ne veut pas dire : les qualités d'une élite.

AGRÉÉ AU TRIBUNAL DE COMMERCE

Les agréés jouent près d'un Tribunal de Commerce le rôle que jouent près des Tribunaux civils les avoués; toutefois, il ne sont pas des mandataires obligatoires, et la loi ne leur reconnaît pas d'existence légale.

En fait, les Tribunaux de commerce ayant gardé le droit de créer et de réglementer leur corps d'agréés, une étude d'agréé constitue un véritable office, cessible de gré à gré sous la réserve que l'agréé en exercice fasse accepter son successeur par le Tribunal de Commerce.

Les agréés sont des mandataires indiqués aux plaideurs pour leur éviter de tomber entre les mains d'autres mandataires, moins recommandables, pour la plupart et qui ne jouissent, en tout cas, d'aucune recommandation officielle : les *agents d'affaires*.

Cette carrière demande plus d'activité encore que celle d'avoué. Voici comment en effet nous trouvons la journée de

l'agréé, décrite dans le *Répertoire des Professions et Métiers :*
« L'agréé doit être tous les jours au Tribunal, à l'ouverture
de l'audience, pour l'appel des causes. Il lui a fallu préalablement dépouiller son courrier, distribuer le travail à ses
secrétaires et recevoir, dès huit heures, les clients qui avec
raison tiennent à lui expliquer leurs difficultés.

« L'après-midi, il lui faut préparer ses dossiers, faire sa
correspondance, donner à son tour audience à sa clientèle.
Donc l'agréé doit être toujours sur la brèche, d'autant
plus que les Tribunaux de commerce ne prennent pas de
vacances, ce qui, du reste, est fort heureux pour les plaideurs. »

Les agréés sont ordinairement licenciés et même docteurs en droit.

Il s'agit là d'une carrière que nous dirions volontiers
plus moderne que celle d'avoué, qui touche de plus près
aux affaires et qui comporte à la fois plus d'aléa et plus
de rémunération que celle d'avoué. Les honoraires de
l'agréé n'ont rien, en effet, qui soit déterminé par la loi.
Ils sont subordonnés au client et à l'importance de l'affaire.

Par la raison que cette profession est moins tradition-
nelle, elle est plus accessible que celle d'avoué à des
jeunes gens qui n'ont pas beaucoup de fortune, mais qui
connaîtraient à fond leur métier. Si compliquée que soit
la profession d'avoué, il se peut encore que le premier
clerc, le vieux serviteur qu'on lègue avec l'étude, y joue le
principal rôle dans la coulisse. Cette substitution officieuse
est impossible pour la profession d'agréé, en raison du
nombre des affaires et de la rapidité avec laquelle elles se
résolvent. Aussi, dans la cession d'une étude d'agréé,
moins de questions de convenances, de parentés, de relations se font-elles place, que dans la cession d'une étude
d'avoué ou de notaire.

Donc, qu'un jeune homme entre, docteur en droit, dans une étude d'agréé, qu'il se mette au courant des affaires, qu'il arrive à suppléer son patron devant le Tribunal et, même s'il n'a pas de fortune, même si l'étude atteint une valeur de 200.000 francs — ce qui est à Paris le prix moyen —, même s'il a contre lui — ce qui ne manquera pas — des concurrents plus riches, il a des chances de devenir agréé, soit à Paris, soit en province.

Il faut remarquer d'ailleurs qu'un *secrétaire d'agréé* est mieux payé qu'un premier clerc d'avoué. Il peut compter sur une mensualité moyenne de 400 francs par mois. Et rien ne l'empêche de l'augmenter par la gestion d'affaires qui lui sont personnelles.

Voilà une carrière que nous recommandons volontiers aux jeunes gens qui ont fait des études solides de droit et qui ont du goût pour la pratique des affaires. Sans doute, en entrant dans une étude d'agréé, ils n'en ont pas le titre dans leur serviette. Mais ils y peuvent acquérir mieux que le titre : un ensemble de connaissances juridiques; et une activité spéciale par laquelle ils se formuleront et se préciseront dans la vie et qui pourront en faire, vers la trentaine, d'excellents avocats d'affaire, pourvus de relations et d'expérience.

Ainsi se vérifie, à propos d'un cas particulier, une proposition à laquelle nous attachons la plus grande importance : C'est qu'on ne vaut et qu'on n'est quelqu'un dans la vie qu'autant qu'on possède une habileté et une expérience intellectuelles précises, analogues à l'habileté et à l'expérience du forgeron ou du serrurier. Des titres ! Oui sans doute il en faut. Ils sont les garants de ce fonds de connaissances générales sur lesquelles doivent s'établir cette habileté et cette expérience de l'esprit. Mais en dehors de cela, ils ne sont rien.

Et voilà pourquoi nous possédons tant de non-valeur, tant de prolétaires intellectuels, tant de médecins sans consultations, tant d'avocats sans causes, tant de fonctionnaires pour lesquels le rond de cuir est le centre du monde. Ils ont cru que leurs titres étaient des fins; alors que ces titres, ou plutôt les connaissances livresques qu'ils semblent indiquer ne sont que d'humbles moyens pour vivre et agir.

Il faut savoir se faire, en dehors de l'école et après l'école, *un métier intellectuel*, comme d'autres se font un métier manuel. Sans cela on n'est bon à rien.

HUISSIER

Les huissiers sont des officiers ministériels chargés d'exécuter les mandements de la justice, ainsi que les significations, citations, notifications relatives aux procès. Ils constatent les protêts, font toutes les prisées et ventes publiques, au même titre que les notaires et les greffiers dans les villes où il n'existe pas de commissaire-priseur.

Pour être nommé huissier, il suffit d'être âgé de vingt-cinq ans et d'avoir fait un stage de deux ans chez un officier ministériel ou de trois ans dans un greffe d'une Cour d'appel ou d'un Tribunal de 1re instance.

Les huissiers chargés du service des audiences au Conseil d'État, à la Cour de cassation, dans les Cours d'appel et les Tribunaux sont *huissiers audienciers* et touchent de ce fait quelques gratifications.

Dans les départements, une étude d'huissier coûte de 10.000 à 80.000 francs et rapporte environ de 3.000 à 15.000 francs. A Paris, le prix des études peut monter jusqu'à 300.000 francs et rapporter jusqu'à 80.000 francs.

La charge d'huissier réclame de son titulaire une grande activité, puisque l'huissier, de par la loi, doit signifier les actes lui-même.

Honorable, pourquoi pas? Considérable, sans aucun doute, dans la plupart des cas, le métier d'huissier est-il également honoré et considéré. Nous n'en voulons pas discuter. Toujours est-il qu'un huissier de grande ville qui a fait fortune dans les saisies et autres exploits analogues, s'empresse de passer la main, le plus souvent, à d'autres qu'à ses fils.

EXPERTS ET ARBITRES RAPPORTEURS

TRADUCTEURS JURÉS

Ce sont des personnes accréditées près d'une Cour ou d'un Tribunal et qui, en vertu d'un mandat de justice, répondent à des questions précises au sujet d'une affaire. On choisit les experts parmi les architectes, les médecins, les artistes, les ingénieurs, etc. Ils sont indemnisés par des vacations de 6 à 8 francs par vacation de trois heures. Les experts près d'un Tribunal de commerce prennent le nom d'arbitres rapporteurs.

Il ne s'agit pas là d'une situation qui puisse nourrir son homme. C'est un titre qu'on ajoute à une situation pour gagner la confiance du public. Pour cette raison, le titre d'expert est fort recherché, notamment par les architectes.

On peut en dire autant des traducteurs jurés qui sont accrédités près des Cours ou Tribunaux pour faire la traduction de documents relatifs à des procès. Mais le titre de traducteur juré ne constitue pas une fonction publique, et celui-ci traite de gré à gré avec le client pour la traduction des pièces. Cette situation s'est appauvrie peu à peu par la diffusion des langues étrangères et par le nombre toujours accru des traducteurs-jurés.

Encore plus que pour la situation d'expert, il faut dire que celle de traducteur-juré ne peut être qu'une situation à côté. Elle n'existe plus guère pour l'allemand, l'anglais, l'italien ou l'espagnol. C'est plutôt pour le russe, l'arabe, qu'un traducteur-juré peut se procurer des ressources. Encore n'arrive-t-il guère, même en faisant payer très cher ses clients et en possédant la clientèle de quelques sociétés financières, à dépasser un chiffre annuel de 10.000 francs d'affaires.

Ne succédez pas à un traducteur-juré; tâchez à l'être à côté de lui, en occupant une situation qui vous procurera des ressources plus stables et plus certaines.

LES ÉTUDES DE DROIT

Ce serait peut-être manquer d'ingratitude envers l'enseignement du droit d'où sortent tant d'avocats diserts, d'avoués retors et d'hommes d'affaires habiles que de n'en pas dire un mot à la suite de ces études.

Il n'est pas utile non plus que les parents de nos futurs docteurs sachent exactement à quels sacrifices ils doivent consentir.

Les études de droit durent au moins cinq années après le baccalauréat : trois ans pour la licence et deux pour le doctorat.

Les examens qui déterminent la collation du grade de *licencié en droit* sont au nombre de trois :

Le premier est subi à la fin de la première année d'études, après la quatrième et avant la cinquième inscription trimestrielle;

Le deuxième, à la fin de la deuxième année, après la huitième et avant la neuvième inscription;

Le troisième, à la fin de la troisième année, après la douzième inscription.

Le deuxième et le troisième se subdivisent en deux parties.

Le grade de *bachelier en droit* est conféré après le deuxième examen, le grade de *licencié*, après le troisième.

Le premier examen porte sur les matières qui font l'objet des enseignements de première année.

Il comprend quatre interrogations : une, sur le droit romain, une, sur le droit civil, une, sur l'économie politique, une, sur l'histoire générale du droit français, le droit constitutionnel et l'organisation des pouvoirs publics.

Le jury est composé de quatre examinateurs.

La première partie du deuxième examen comporte deux interrogations sur le droit civil et une sur le droit romain.

La seconde partie comporte une interrogation sur le droit criminel, une interrogation sur le droit international public.

A chacune des deux parties, le jury se compose de trois examinateurs.

La première partie du troisième examen comprend une épreuve écrite et une épreuve orale.

L'épreuve *écrite* consiste en deux compositions, l'une sur une question de droit civil, l'autre sur une question de droit commercial.

Il est accordé trois heures pour chaque composition.

Pour chaque groupe de candidats et pour chaque composition, il est donné deux sujets, entre lesquels les candidats ont le droit de choisir.

L'épreuve écrite est éliminatoire de l'épreuve orale de la première partie.

L'épreuve *orale* de la première partie consiste en interrogations sur le droit civil et sur le droit commercial.

Le Jury de la première partie comporte trois examinateurs. La troisième interrogation porte, au choix de l'examinateur, sur le droit civil ou sur le droit commercial.

La deuxième partie comporte trois interrogations, une sur le droit international privé, une sur la procédure civile, et la troisième sur la matière du cours semestriel à option, choisi par le candidat.

Le jury se compose de trois examinateurs.

L'admissibilité, l'admission ou l'ajournement des candidats sont prononcés après délibération du jury.

Aux diverses épreuves, une boule noire, et une rouge noire, ou deux rouges-noires entraînent l'ajournement.

Les épreuves du doctorat peuvent être subies à toute époque de l'année scolaire, sauf les restrictions jugées nécessaires par le doyen par suite des besoins du service.

Les diplômes de docteur en droit portent l'une des mentions suivantes :

Sciences juridiques ;

Sciences politiques et économiques.

Les épreuves qui déterminent la collation du grade sont au nombre de trois : deux examens oraux et la soutenance d'une thèse composée par le candidat.

Les examens oraux portent sur les matières suivantes :

Sciences juridiques

Premier examen. — 1° Droit romain, avec une interrogation sur les *Pandectes ;*

2° Histoire du droit français.

Deuxième examen. — 1º L'ensemble du droit civil;

2º Au choix du candidat :

Droit civil comparé, dans les facultés où existe cet enseignement;

Droit international privé;

Droit criminel ;

Droit administratif (*juridictions et contentieux*);

Droit commercial ;

Procédure civile et voies d'exécution.

Les candidats sont tenus de déclarer leur option en se faisant inscrire pour l'examen.

Sciences politiques et économiques

Premier examen. — 1º Histoire du droit public;

2º Droit administratif;

3º Droit international public;

4º Droit constitutionnel comparé, ou principes généraux du droit public, au choix du candidat.

Deuxième examen. — 1º Économie politique ;

2º Histoire des doctrines économiques;

3º Législation française des finances et science financière;

4º Au choix du candidat et selon les Facultés :

Législation et économie industrielles;

Législation et économie rurales ;

Législation et économie coloniales.

Cette dernière option peut porter également sur une des matières d'ordre historique ou économique enseignées dans d'autres facultés de la même Université, et admises par le conseil de l'Université comme enseignements communs à la Faculté de droit et à une autre Faculté.

Les candidats sont tenus de déclarer leur option en se faisant inscrire pour l'examen.

Les deux examens en vue de la mention *sciences politiques et économiques* sont subis dans l'ordre choisi par le candidat; mais ce choix le lie pour le reste de ses études.

Thèse. — Le sujet de la thèse est choisi par le candidat suivant la mention qu'il postule. Il doit être au préalable soumis à l'agrément du doyen.

*
* *

Les droits d'examen pour le doctorat en droit sont les suivants :

Deux examens (60 francs par examen)............	120 fr.
Deux certificats d'aptitude (40 francs par certificat)...	80
Thèse..	100
Certificat d'aptitude.	40
Diplôme...	100
Total....................	440 fr.

Il faut ajouter à ces 440 francs, 140 francs pour frais d'inscription et de bibliothèque, soit en tout 580 francs.

Les frais d'études pour la licence comportent:

12 inscriptions à 30 francs........................	560 fr.
Droit de bibliothèque (10 francs par an)......	30
1er examen..	140 25
2e examen...	200 25
3e examen (licence)	200 25
Soit au total...................	1.130f 75

Pour obtenir le diplôme de docteur en droit, il faut être licencié en droit, faire une quatrième année d'études dans une Faculté, prendre quatre nouvelles inscriptions, subir les examens prescrits et soutenir un acte public.

Les épreuves du doctorat doivent être subies devant la Faculté où ont été prises les quatre inscriptions réglementaires, à moins d'une autorisation du recteur, qui ne peut la refuser.

Les études de droit, poussées jusqu'au doctorat inclusivement, reviennent donc à 1.130 fr. 75 + 580 francs, soit, livres compris, à 2.000 francs. Ajoutons à cela cinq ans d'entretien dans une grande ville, et nous arrivons au joli total de 12.000 francs.

Douze mille francs pour avoir un titre, des connaissances peut-être; mais, si l'on n'y a pris garde par des travaux à côté, pas la moindre habileté technique, pas le plus petit moyen de gagner sa vie.

A ce bilan, il faut ajouter, le plus souvent, le déficit moral de cinq années pendant lesquelles le jeune homme apprend à vivre facilement, mais n'apprend pas la vie.

Et l'on s'étonne de toutes les non-valeurs que chaque année nos Universités mettent sur le pavé avec leurs titres et leurs diplômes! Malheureux, prenez donc la vie corps à corps, dès votre dix-huitième année; apprenez un métier, mettez-vous dans une industrie; allez la représenter à l'étranger, aux colonies. Luttez; vivez. Outre que vous acquerrez des réserves d'expériences pour l'avenir, vous êtes toujours assurés d'arriver à mieux, dans la majorité des cas, que si vous étiez resté sur les bancs de l'école jusqu'à l'époque de la trentaine. A cet âge-là, vous gagnerez ou 400 francs par mois; vous serez des hommes; vous connaîtrez la valeur de l'argent. Et il vous sera temps à ce moment, si vous avez la hardiesse de créer une petite affaire, de faire appel au pa-

rimoine de vos parents, auquel vous n'aurez coûté que peu
de chose, dès dix-huit ans.

Epuisés, au contraire, par les 12.000 francs d'études
supplémentaires que vous aurez coûtés, peut-être ne
pourront-ils rien pour vous, alors que vous aurez encore
besoin d'eux. Alors que ferez-vous ? puisque trop souvent
vous n'êtes bon à rien et qu'on ne vous prêtera même pas
sur vos diplômes au Mont-de-Piété.

Si vous êtes énergiques, peut-être trouverez-vous le
moyen de vous relever dans un suprême effort et de faire en
deux ans votre éducation pratique négligée. Mais si vous ne
l'êtes pas, et que la fortune vous manque, vous ferez des
déclassés. Ce ne sont point là des hypothèses, de la déduc-
tion idéale : c'est de l'histoire. C'est l'histoire de bien des
déclassés, de bien des vaincus et de bien des révoltés.

On craint pour l'avenir du pays quand on voit dans quelles
ornières se traîne l'activité endormie de notre bourgeoisie.

TITRE II

LA MÉDECINE

LA MÉDECINE

LES MÉDECINS

Les carrières juridiques, sauf celle d'avocat, ce sont encore les carrières de tout repos, celles qui se poursuivent dans le vieux cabinet de l'étude entre le fauteuil et le coffre-fort. Sans doute, l'activité et l'intelligence du titulaire peuvent accroître la valeur d'une charge. Mais celle-ci se défend, assez longtemps d'elle-même, par sa réputation, par ses vieux employés, nous allions dire, par vitesse acquise.

Pour la carrière médicale, il n'en est plus de même. Le cabinet d'un médecin n'est pas celui d'un notaire, où s'entassent, générations par générations, les chartes des familles. Et le client mécontent d'une consultation ou peu rassuré par la science de son médecin ne se fait point faute de passer en face pour chercher à ses infirmités un remède plus efficace.

Les clientèles médicales ne s'achètent guère, surtout en ville. A la campagne, il s'agit surtout d'une reprise de matériel (chevaux, voitures, train de maison). Encore est-il à remarquer que cette reprise des affaires d'un vieux médecin par un jeune est pour ce dernier plus fréquente en déboires qu'en avantages. Rarement la clientèle lui reste fidèle.

Elle est souvent divisée par l'apparition d'un concurrent qui n'aurait pas tenté de lutter contre un homme établi depuis longtemps, mais qui tente la fortune contre un jeune collègue.

Avec la carrière médicale, nous entrons donc dans l'imprévu, nous abordons de plein front la dure bataille de la vie, d'où l'on ne sort vainqueur qu'avec de la chance d'abord, de l'argent ensuite, enfin avec la pleine possession des qualités nécessaires au métier qu'on veut exercer.

La chance et l'argent nécessaires
à la profession de médecin

Nous n'indiquerons pas toutes les formes sous lesquelles peut se présenter la chance, au jeune médecin. Au risque de paraître fatalistes, nous dirons simplement qu'il faut compter avec cet appoint et qu'on le trouverait au début de toutes les belles carrières médicales. Que ce soit la riche dot, la cure heureuse qui, sur l'heure, vous fait une renommée ou la mort du vieux collègue chargé d'ans et de clientèle, il y a pour le jeune médecin une chance particulière à souhaiter et qui est spéciale à sa profession, quand par hasard elle lui échoit.

Après la chance, la plus indispensable condition de réussite pour le futur médecin, c'est une solide aisance. De l'âge de dix-huit ans à sa vingt-sixième année, quand il est reçu docteur, prêt à s'établir, comme on dit, il a déjà coûté à sa famille, tant pour les frais d'études que pour ceux d'entretien dans la ville de la Faculté, une vingtaine de mille francs. Pourtant, pour qui veut réussir, les frais sérieux doivent seulement commencer. A défaut de l'acquisition d'une clientèle que nous avons déconseillée, il y a les frais d'installation et d'achat d'instruments. Le tout peut aller, sans grand luxe, jusqu'à 20.000 francs. Il ne peut guère être inférieur à 5.000 francs.

Il y a, sans doute, des facilités de crédit et des arrangements possibles avec les fournisseurs. Mais combien l'activité de notre nouveau docteur se trouvera gênée si, au souci d'une clientèle à se faire, se mêlent d'immédiats soucis d'argent !

Car l'appartement disposé et la trousse bien fourbie, il s'agit de les utiliser, et c'est une série de démarches qui s'imposent, suivant la façon dont le jeune médecin compte exercer sa profession.

A Paris et dans les grandes villes
Le médecin de spécialités. — Le médecin
de quartier

Pour choisir une spécialité et s'y faire connaître autrement que par une réclame de charlatan, le jeune docteur doit avoir l'appui de la Faculté. Il doit s'être fait remarquer, au cours de ses études, notamment comme interne ou comme chef de travaux pratiques, ou comme chef de clinique, dans la spécialité qu'il a choisie. Ainsi les professeurs, les médecins arrivés pourront le recommander, l'indiquer même à leurs malades, au cours de leurs consultations. Il sera bon aussi qu'il puisse se réclamer d'études spéciales faites, soit à Paris, soit dans quelque Université étrangère. Plus que les autres médecins, le jeune spécialiste devra pouvoir attendre une clientèle plus riche, mais naturellement plus rare que la clientèle ordinaire. Il sera utile qu'il puisse fonder une clinique gratuite autant pour se faire connaître que pour perfectionner sa jeune expérience.

Il en est de même du débutant en chirurgie, qui ne peut guère se préparer une clientèle sans l'appui de quelque professeur en renom dont il aura été l'élève préféré. Il l'assiste d'abord, puis le remplace, et c'est seulement bien longtemps après qu'il a des chances de se faire un nom.

A Paris, le médecin de spécialités ou le chirurgien devra,

pour le moins, avoir été interne des hôpitaux. Il est à peu près assuré de son avenir, s'il réussit au difficile concours de médecin des hôpitaux.

Les débuts du médecin de quartier demandent des précautions et des efforts plus humbles, mais qui ne sont pas pourtant à la portée du plus grand nombre. Le futur médecin de quartier, devra tout d'abord examiner le quartier où il compte s'établir et voir si, comme c'est le cas trop fréquent, son nom ne vient pas allonger une liste déjà trop longue de collègues ignorés. (On pourrait compter à Paris des rues qui n'ont pas plus de cent cinquante mètres de longueur et qui comptent quatre médecins!) Il ne devra pas s'établir dans son quartier tout à fait en étranger, ou juger de l'accueil qu'il y recevra d'après quelques propos d'amis imprudents. Il lui faut des relations solides, et de notabilités, capables de le faire connaître et estimer avant même qu'il puisse s'en charger. Une fois en exercice, le débutant ne devra pas craindre de se produire, et de faire partie, même au détriment de sa bourse, des sociétés de mutualité, de bienfaisance, où il peut rencontrer sa clientèle. Il ne devra épargner ni son temps, ni sa peine et les donner au besoin gratuitement, bien que les indigents aient à leur disposition le médecin du bureau de bienfaisance. En un mot, il devra semer longtemps et beaucoup pour se donner quelques chances de récolter dans la suite.

Malgré tout, le nombre de médecins à Paris surtout et même dans les grandes villes est exagéré. Et la statistique suivante ne sera pas pour encourager les jeunes gens à la profession de médecin [1]. Voici en effet la liste approxima-

---

1. *Les Prolétaires intellectuels en France.*

tive des honoraires que touchent les 2.500 médecins qui exercent à Paris.

5 à 6	gagnent environ entre	200 000	et	300 000 fr.
10 à 15	—	—	—	100.000	et	150 000
100	—	—	—	40 000	et	60 000
300	—	—	—	15 000	et	30 000
800	—	—	—	8 000	et	15 000
1200	gagnent au-dessous de............			8.000

Si l'on veut bien considérer tous les frais qui incombent à un médecin, il faudra reconnaître que la moitié des médecins parisiens ne gagnent pas leur vie.

En province, sur 10.000 médecins, 5.000 gagnent convenablement leur vie. Les autres sont des prolétaires intellectuels.

Les médecins de campagne

C'est encore dans les campagnes qu'il y a le plus de places à prendre, si l'on est de goûts simples et si l'on aime la vie des champs. Bien des campagnes, même à l'heure actuelle, réclament encore des médecins, offrent des subventions pour les attirer. Mais l'exode vers les villes, vers Paris surtout, n'est pas encore terminé.

La désillusion du plus grand nombre ne réussit qu'à donner à ceux qui n'en ont pas souffert l'espérance qu'ils y échapperont.

Bien des avantages cependant s'offrent au médecin de

campagne. Il devient facilement une autorité dans le pays, s'y marie facilement, devient propriétaire. Et, si la politique l'attire, c'est un candidat tout désigné. La grande qualité du médecin de campagne doit être d'accepter et de ne pas heurter les traditions, les coutumes, les habitudes des gens au milieu desquels il vit et de s'attirer la sympathie pour acquérir leur confiance.

Aussi le médecin de campagne gagnera-t-il à exercer dans son pays d'origine : nul n'est prophète dans son pays. C'est entendu. Mais on ne demande pas à un médecin d'être prophète. On lui demande surtout d'entrer vite et spontanément en communications d'idées, de sentiments, d'opinions même avec les gens qu'il soigne.

Les qualités requises du médecin

Du tact, de la douceur, un fond d'âme affectueux pour les misères humaines, une bonne éducation, toutes choses qu'on porte en soi et qui ne s'acquièrent pas ou peu. Mais ceux qui ne possèdent pas ces qualités ne s'en aperçoivent pas. C'est pour les conseillers du futur médecin que ces lignes sont écrites.

Le futur médecin, en ce qui le concerne, doit se demander, avant de commencer ses études, s'il a la vocation. Le mot paraît malheureusement vieillot et démodé dans notre époque sceptique, utilitaire, où chacun se case au petit bonheur. Il a pourtant bien sa place ici. Nul en effet ne sera un bon médecin s'il ne possède, dès le jeune âge, une secrète tendance à prendre contact avec la misère humaine, à la guérir et à la consoler.

Beaucoup n'ont pas cette tendance qui pourtant sont médecins. C'est pourquoi l'autorité et la respectueuse sympathie qui s'attachent au titre de médecin disparaissent peu à peu. C'est pourquoi aussi bien peu de médecins réussissent. On n'appelle qu'à la dernière extrémité le monsieur bourru et distrait qui laisse l'ordonnance sur le coin de la table. On appellerait plus volontiers le confident et l'ami.

Nous ne craindrons pas d'indiquer aussi comme une essentielle condition pour réussir dans la profession médicale la connaissance et la pratique de la médecine. On ne peut pas avoir de goût pour une profession que l'on connaît mal. Et c'est pourtant le cas de beaucoup de jeunes gens dont l'ignorance, se traînant d'inscriptions en inscriptions, et se glissant à travers le filet des examens, arrive à s'abriter pour toute une vie derrière un titre de docteur. Il est incontestable que cette incapacité est le plus sûr obstacle à la réussite de beaucoup de jeunes médecins. Et la preuve de ce fait, c'est que les deux carrières libérales où il existe le plus de non-valeurs, celle d'avocat et celle de médecin, sont celles aussi où il existe le plus de ratés et de prolétaires intellectuels.

Que les futurs docteurs travaillent donc avec plus d'ardeur que ne le fait la moyenne d'entre eux, et qu'ils ne se croient pas délivrés de tout soin envers leur art par une vague réussite à leurs examens successifs. Qu'ils fassent leurs études dans les Facultés de province surtout, où ils pourront être plus suivis, notamment aux Travaux pratiques, et qu'ils évitent la Faculté de médecine de Paris dont les professeurs déplorent chaque jour le croissant encombrement. Il sera bien temps, vers la douzième ins-

'cription, de songer au concours de l'Internat. Et c'est à ce moment seulement que l'étudiant peut se demander s'il doit y songer.

Hippocrate a défini le médecin : « un homme instruit et adroit dans son art, honnête dans toutes les actions de la vie ». Cette définition mérite encore d'être proposée aux futurs médecins. Si on la commentait aux jeunes gens savant la Faculté de médecine, nous aurions moins de médecins : ce qui vaudrait mieux pour eux, et nous en aurions moins de mauvais : ce qui vaudrait mieux pour nous.

Pour les parents qui de près ou de loin veulent suivre les études de leurs futurs docteurs, voici la carte des six années qu'ils passeront à la Faculté, à moins qu'enfants prodigues, ils ne se plaisent à l'étendre jusque vers la trentième année.

Après le baccalauréat, vient une préparation d'une année au certificat d'études physiques, chimiques et industrielles qui donne ou doit donner un fonds de connaissance et un esprit scientifique au futur étudiant en médecine; puis vient la préparation médicale proprement dite, expliquée dans le tableau suivant :

INSCRIPTIONS	EXAMENS	TRAVAUX PRATIQUES	STAGE HOSPITALIER

Ire Année
1re nov.
 	
2e janv.
3e : avril
4e juillet
		Hiver :
		  Dissection
		Été :
		  Histologie
		Ch biologique
		  Physique
		  Physiologie
			-

IIe Année
5e : nov.
 	
6e janv.
 	
7e avril
 	
8e juillet
	Ier Examen
	(entre 6e et 8e Ins)
	A) Epreuve pratique
	Dissection
	B) Epreuve orale
	Anatomie.
	Nota Ep prat de-
	meure acqui-e,
		Hiver
		  Dissection
		Été :
		  Physique.
		  Histo'ogie.
		  Physiologie
			Hiver et Été :
			Services généraux
			de médecine et
			de chirurgie

IIIe Année
9e . nov.
 	
10e janv.
 	
11e avril
 	
12e juillet
	IIe Examen
	(entre 8e et 10e Ins)
	Epreuve ora'e sur
	Histologie. Physio
	logie, Physique bio
	logique, Chimie biol
		Été :
		  Parasitologie
		  Anat. biolog
		Hiver :
		  Med oprat.
		  Ch patholog
			Hiver et Été .
			Services généraux
			de médecine et
			chirurgie.

IVe Année 13e . nov. 14e janv. 15e · avril 16e · juillet	IIIe Examen (entre 13e et 16e Ins) A) Première partie a) Epreuve pratique 1. Méd opératoire. 2. Anat topograph. b) Epreuve orale . 1 Méd opératoire. 2 Pathol. externe 3 Accouchement B) Deuxieme partie a) Epreuve pratique · 1 Anat. pathol b) Epreuve orale . 1. Pathol générale. 2. Parasites, ani- maux, vegétaux microbes 3 Pathol interne	Pas de travaux pratiques obli gatoires Facultativement Chimie clini que, Chimie et Pharmaceu- tique, Bactério logie, etc,	*Hiver et Été :* Spécialité (Mala- dies mentales, de la peau, des enfants, des yeux), ou Ac- couchements

INSCRIPTIONS	EXAMENS	TRAVAUX PRATIQUES	STAGE HOSPITALIER
V° Année (généralement un semestre.)	IV° Examen Épreuve orale sur Thérapeutique, Hygiène, Médecine légale, Pharmacologie avec app des sciences physiques et naturelles. V° Examen A) Première partie. a) Clinique externe b) Clinique obstétricale B) Deuxième partie. Clinique interne.		
THÈSE			

Voici maintenant la douloureuse qui doit induire les familles à consulter sinon l'esprit du futur docteur du moins les forces de leur portemonnaie.

FRAIS D'ÉTUDES

Quatre inscriptions par année à 47 fr. 50.
(30 fr. inscriptions; 15 fr. travaux pratiques;
2 fr. 50 bibliothèque) = 190 francs. Soit
pour quatre années de scolarité........... 760 fr.
Sept examens (le 3° et le 5° sont doubles) à
50 fr...................................... 385
Thèse...................................... 240

Total........................... 1.385 fr[1].

1. Sans compter les frais d'impression qui s'élèvent en moyenne à 300 francs.

Entretien de l'étudiant pendant ses études (une de P. C. N. et cinq de médecine), l'an 2000 fr......................... .... 12.000 fr.

Dépense minimun : 14.000 à 15.000 fr.

Nous ne répéterons pas ici ce que nous avons déjà dit à propos des études de droit. La plupart des jeunes gens n'auraient que l'embarras du choix pour faire un meilleur placement de cette petite fortune ou du moins pour en faire un moins mauvais.

PHARMACIEN

Nous aurions rangé bien volontiers cette profession parmi celles du commerce; par quoi nous ne lui aurions, d'ailleurs, accordé que plus de valeur.

Car, s'il pouvait rester dans l'esprit des jeunes Français de notre temps l'ombre d'une croyance à la prétendue supériorité des carrières libérales, à défaut d'autres mérites, ce livre aurait certainement celui de dégager leur pensée d'une telle illusion.

Si donc nous rangeons l'exercice de la pharmacie parmi les carrières libérales, c'est qu'il est sévèrement réglementé et surtout qu'il nécessite six années d'études préalables.

Jadis l'enseignement de la pharmacie prévoyait des pharmaciens de 1re et de 2e classe qui faisaient d'ailleurs les mêmes études, mais les abordaient, les premiers avec un baccalauréat, les seconds avec le certificat de grammaire qui était donné au sortir de la classe de quatrième. Les écoles supérieures de pharmacie ne forment plus actuellement que des pharmaciens d'une classe unique qui doivent, pour commencer leurs études, posséder l'un des quatre diplômes du baccalauréat.

Donc, son baccalauréat obtenu, le futur pharmacien devra faire trois ans de stage dans une pharmacie. C'est là qu'il apprendra la pratique de sa profession, depuis l'art d'enrouler savamment les petites bouteilles dans du papier blanc et ensuite de les cacheter à la cire rouge jusqu'à celui plus relevé, sans aucun doute, de préparer, et de déchiffrer d'abord, malgré sa détestable écriture, l'ordonnance commandée par le docteur.

Le stage officinal est constaté au moyen d'inscriptions prises chaque année, sur la présentation d'un certificat de présence, signé du patron de la pharmacie à laquelle est attaché le stagiaire. Ces inscriptions sont reçues aux secrétariats des écoles supérieures de pharmacie pour les cantons où sont établies ces écoles, et pour les autres cantons, au greffe des justices de paix.

Pendant sa première année d'apprentissage, le stagiaire ne rend aucun service à son patron. Il est donc juste qu'il l'indemnise au moins de sa nourriture. Il n'en est plus de même pour la deuxième et la troisième année où le stagiaire rend déjà quelques services. Il est alors au pair ou même reçoit à son tour quelque indemnité mensuelle. D'une façon générale, le stage fait l'objet d'un contrat mutuel entre le pharmacien et les parents de l'élève. Le stagiaire doit avoir au moins seize ans.

Il n'est guère d'usage que le stage soit fait dans les grandes villes. La rapidité avec laquelle il est nécessaire de servir le client ne permettrait guère au jeune stagiaire un apprentissage sérieux. En outre, dans les grandes villes, la vente des spécialités prime toutes les autres, et le futur pharmacien qui y serait déjà privé de direction n'aurait pas en outre, l'avantage de s'initier à la savante, longue et lente préparation des potions qui est, comme on sait, le fond de l'art galénique.

Dans une petite pharmacie cantonale, le stagiaire prendra mieux contact avec la clientèle. Il reverra les mêmes clients, apprendra à les retenir et à les satisfaire, sera en fréquentes relations avec les médecins. Sous l'œil vigilant du patron, armé du pilon et garanti du traditionnel tablier vert, il préparera les ordonnances réparatrices et lentement, avec l'habitude des gestes augustes et minutieux de la profession, c'est l'amour de cette profession qui entrera en lui.

Son stage fait, le futur pharmacien connaît toute la pratique du métier. Et l'École supérieure de pharmacie est prête à lui ouvrir ses portes pour trois années de scolarité, s'il passe avec succès l'examen dit de validation de stage.

Cet examen comprend la préparation d'un médicament galénique ou chimique, inscrit au Codex, une préparation magistrale, la reconnaissance de plantes et de médicaments d'un usage courant dans la pharmacie. Il ne présente aucune difficulté pour un jeune homme qui a accompli sérieusement ses trois années de stage.

Cet examen passé, voici notre stagiaire étudiant. Il s'en réjouissait. Et s'il a quelque aisance, les trois années de vie indépendante qu'il va mener, entre les exigences du stage et les charges de l'officine, marqueront en effet comme les plus agréables de son existence. Il arrivera même qu'il en parle bien longtemps plus tard et bien souvent au café du chef-lieu de canton. S'il n'a pas les moyens de s'entretenir dans une grande ville, le jeune étudiant pourra se placer chez quelque pharmacien qu'il aidera entre ses cours et faire ainsi plus économiquement ses études. Mais alors la vie sera bien dure pour lui, puisqu'il devra à son patron les rares loisirs que lui laissera la préparation de ses cours et de ses examens.

L'étudiant en pharmacie peut faire ses trois années d'études, soit dans l'une des écoles supérieures de pharmacie de Paris, Montpellier et Nancy, soit dans les Facultés mixtes de Bordeaux, Lille, Lyon et Toulouse, soit dans les écoles de plein exercice d'Alger, Marseille et Nantes, soit dans les écoles préparatoires de médecine et de pharmacie d'Amiens, Angers, Arras, Besançon, Caen, Clermont-Ferrand, Dijon, Grenoble, Limoges, Poitiers, Reims, Rennes, Rouen, Tours.

L'examen de fin d'études doit être subi devant une école supérieure ou une Faculté mixte. Les écoles préparatoires ne mènent qu'à la huitième inscription.

A la fin de la première et de la deuxième année scolaire, soit en juillet, les étudiants en pharmacie passent un examen qu'en cas d'échec ils renouvellent en novembre. A raison de quatre inscriptions par année, ils ont après la deuxième année, huit inscriptions. Au milieu de la troisième année, soit après la dixième inscription, ces étudiants passent un examen dit semestriel. Puis, viennent, après la douzième inscription, les trois examens dits de fin d'études.

On voit par cette énumération que les études de pharmacie sont fort sérieuses. Elles exigent surtout de la mémoire, un grand esprit d'ordre et de méthode et beaucoup d'habileté manuelle. Elles portent sur la zoologie, l'histoire naturelle des médicaments, la chimie minérale, la physique, la pharmacie galénique, la botanique cryptogamique, la chimie analytique, la chimie organique, l'hydrologie et l'histoire des minéraux, la pharmacie chimique, la toxicologie et la botanique générale.

Les frais d'études, droits, d'examen et de diplôme s'élèvent pour les étudiants en pharmacie à 1.645 francs.

Après une nouvelle année d'études, les pharmaciens diplômés peuvent recevoir le titre de pharmaciens supérieurs. Ce titre nécessite un examen et la soutenance d'une thèse. Les diplômés en pharmacie qui sont licenciés ès sciences physiques ou ès sciences naturelles ne sont tenus qu'à la soutenance de la thèse. Ce titre n'est d'ailleurs recherché que pour les étudiants en pharmacie qui ambitionnent le professorat. Aussitôt reçus diplômés, les anciens élèves en pharmacie ont hâte de s'installer.

*
* *

C'est, en effet, la grosse affaire et pour laquelle se pressent trop, la plupart du temps, nos jeunes pharmaciens. Rien ne leur est plus facile pourtant que d'attendre la bonne occasion. La plupart de leurs collègues établis sont fatigués par une vie absorbante et accueillent fort bien, pour un mois, deux mois, les *remplaçants*. Le salaire minimum du remplaçant est de 5 francs par jour, logement et nourriture compris. Les jeunes pharmaciens peuvent même trouver des gérances, sans difficulté, s'initier ainsi de plus près à la pratique des affaires et continuer avec l'âge et la science en plus leurs trois années de stage.

L'achat d'une pharmacie est en effet très délicat, et le chiffre d'affaires n'est pas une base d'estimation certaine de la valeur du fonds. Il y a les pharmacies où la clientèle n'est retenue que par le titulaire actuel, celles où la vente peu rémunératrice des spécialités l'emporte sur la vente des ordonnances, les pharmacies qui n'ont été fondées et apparemment achalandées, par des spéculateurs, que pour être revendues. Ce sont là autant de circonstances qui doivent être étudiées de très près et qui influent sur le prix d'achat. D'une façon générale, on peut dire qu'étant donnée la mobilité actuelle de toutes les clientèles, le prix d'achat moyen d'une pharmacie doit être plutôt inférieur au chiffre d'affaires de la dernière année.

Le nombre de pharmaciens en France est de 7.000, faisant environ 90 millions d'affaires par an. Cela fait, pour chacun, une moyenne d'affaires de 12.000 francs dont la moitié en spécialités. Le bénéfice moyen d'une année pour un pharmacien ressort ainsi, à 6.000 francs. Si l'on défalque encore de ces 6.000 francs les frais de patente et d'aide ou de nourriture d'élève, on voit que cette profession qui a exigé de longues études, fournit juste de quoi vivre honorablement. Elle convient aux jeunes gens qui ont des goûts sédentaires et qui sont amis de la précision, de l'ordre, de la régularité. Le pharmacien ne peut guère s'absenter, en effet, surtout à la campagne où il est seul.

Il est vrai qu'il dépend du pharmacien de se lancer dans les affaires avec les *spécialités*. Celles-ci, en effet, exigent de la publicité et par suite des capitaux. Elles peuvent occasionner par suite un gros roulement d'argent. On pourrait citer beaucoup de pharmaciens qui font par an, pour leurs spécialités, de 100 à 200.000 francs de publicité par l'affiche, le journal, etc. Il faut croire que cette publicité, malgré son prix, rapporte des bénéfices à ceux qui la tentent, puisqu'on voit les mêmes pharmaciens la continuer pendant des années. Néanmoins cette publicité portera de moins en moins sur un public blasé, auquel chaque jour on offre santé, jeunesse, beauté, etc. pour des sommes variées mais qui ne dépassent pas 5 francs. Bientôt la publicité pharmaceutique ne prendra plus, même sur les plus crédules. Et les jeunes pharmaciens agiront sagement en estimant davantage le tablier vert, le mortier plus immuable que les pyramides et l'ordre minutieux de l'officine qui suffisaient à leurs prédécesseurs.

Ce n'est que par surprise qu'on a ouvert celle-ci aux spéculations commerciales, et le buste de Galien n'y sera pas remplacé par celui de Mercure, dieu des marchands.

Les frais d'études réclamés des étudiants en pharmacie sont les suivants :

12 inscriptions à 30 francs......................	560 fr.
Droit de bibliothèque (10 francs par an)......	30
12 droits de travaux pratiques à 25 francs....	300
1 examen de validation de stage.............	25
3 examens :	
2 de fin d'année à 50 francs..................	100
1 semestriel à 50 francs......................	50
2 premiers examens de fin d'études à 80 fr. ,	160
1 troisième examen de fin d'études :	
1re épreuve.................................	50
2e épreuve (y compris 100 francs pour frais matériels).................................	150
3 certificats d'aptitude à 40 francs...........	120
1 diplôme...................................	100
	1.645 fr.

VÉTÉRINAIRE

Un préjugé courant veut que dans l'échelle sociale la situation de vétérinaire soit inférieure à celle de médecin. Il y a d'autant plus lieu de s'en étonner que les études des futurs vétérinaires durent presque aussi longtemps que celles des futurs médecins, que l'accès des premières est plus difficile que celui des études de médecine, et qu'enfin les soins à donner aux bêtes demandent autant de connaissances et plus d'intuition encore que ceux à donner aux gens.

L'enseignement vétérinaire se donne dans des écoles spéciales, dites écoles nationales vétérinaires, établies à Alfort, Lyon et Toulouse. On n'est admis dans ces écoles qu'avec le baccalauréat et après concours, de dix-sept ans à vingt-cinq ans. Le concours d'admission comprend une composition française, la solution d'un problème d'arithmétique, de géométrie et d'algèbre, une composition de physique et chimie, une composition d'histoire naturelle.

Le prix de la pension dans ces écoles est de 600 francs par an, pour les internes, 400 francs pour les demi-pensionnaires, et 200 francs pour les externes La durée des études y est de quatre ans.

Il en résulte que les études vétérinaires sont moins coûteuses que les études de médecine. Car les frais d internat pour une année équivalent aux frais d'inscription et d'examen des étudiants en médecine dans cette même année. Des bourses y sont facilement obtenues. D'autre part, les élèves vétérinaires, tenus à des examens annuels, ne peuvent prolonger indéfiniment leurs études comme les étudiants en médecine, pour lesquels la crainte de compléter à vingt-sept ans, s'ils ne sont pas docteurs, leur service militaire, n'est pas toujours le commencement du travail et de l'assiduité aux cours.

Au sortir de l'école vétérinaire, les jeunes gens diplômés peuvent, avec plus de facilité que les médecins, se faire une situation immédiate.

Tout d'abord, ils ont la carrière militaire après un concours d'où ils sortent aide-vétérinaires stagiaires.

Après concours également et en concurrence avec les élèves de l'Institut agronomique, ils peuvent entrer dans le Service des Haras. Toujours après concours, ils peuvent entrer dans le service sanitaire et le service de l'inspection des viandes du département de la Seine, qui comprennent environ une centaine de vétérinaires diplômés. Dans ces quatre services, les vétérinaires ne peuvent rechercher une clientèle civile et doivent se consacrer exclusivement à leurs fonctions.

Au contraire, les fonctions départementales de vétérinaire sanitaire et d'inspecteur des viandes de boucherie ne sont pas incompatibles avec l'exercice proprement dit de la profession.

5*

**

La profession de vétérinaire convient surtout aux jeunes gens aisés de la campagne, aux fils de riches cultivateurs par exemple, qui, dès leur enfance, ont soigné ou vu soigner les chevaux ainsi que le bétail et qui aiment toutes les bêtes de la ferme. Elle convient aussi aux jeunes gens qui aiment la vie des champs, qui ne craignent ni les intempéries des saisons, ni les longues courses d'hiver, le jour et la nuit, à travers les bois et les chemins vicinaux.

Outre les connaissances techniques et l'attachement aux bêtes, la profession de vétérinaire nécessite d'ailleurs une certaine force physique.

Par les qualités très particulières qu'elle réclame, la profession de vétérinaire est de celles qui sont le moins encombrées. Elle ne séduit cependant pas les jeunes gens. Vétérinaire, c'est un titre qui ne sonne pas comme docteur et dont nous détourne notre recherche du mandarinat.

Combien il est plus facile pourtant de se faire une situation de vétérinaire qu'une situation de médecin. L'influence du vétérinaire ne peut que s'accroître dans les campagnes, puisque, de nos jours encore, elle est balancée par celle des guérisseurs et des empiriques.

Notamment dans l'élevage du bétail et de la volaille, le vétérinaire peut donner d'utiles conseils et asseoir ainsi son influence. Il peut, en outre, être un propriétaire terrien et faire pour son compte d'utiles expériences d'élevage.

A l'exercice de sa profession, il ne faut pas oublier d'ailleurs que le vétérinaire, en ville, peut adjoindre une *maréchalérie* et, à la campagne, la vente des médicaments réservés aux bêtes.

Si l'on excepte quelques situations spéciales, la profession de vétérinaire ne donne guère à son titulaire un revenu qui dépasse 10.000 francs. A la campagne, il ne faut guère espérer plus de 5 ou 6.000 francs. Mais c'est la vie large, la vie indépendante, où, la journée faite, le vétérinaire peut se reposer dans un vaste enclos, où il peut travailler pour son compte, être un citoyen utile et un propriétaire heureux.

Comme cela vaut mieux que d'être un médecin sans consultations !

DENTISTE

Froid et solennel en son cabinet sévère, entouré d'instruments de chirurgie, de hauts livres et d'appareils inquiétants, le dentiste moderne n'a plus rien de commun avec celui que connurent nos pères, l'arracheur de dents joyeux et grandiloquent qui campait sa voiture écluisante dans le bruit des foires et, de la pointe du sabre, entre deux boniments, s'amusait d'hécatombes dentaires au hasard des mâchoires douloureuses.

Le praticien aux allures infaillibles ne renierait pas moins ces barbiers de l'an de grâce 1429 qui, se séparant de la corporation des médecins et chirurgiens, prirent le nom d'oculistes, saigneurs et dentateurs.

C'est surtout en ce qui concerne la santé humaine que la science a fait valoir ces droits. Le médecin empirique, l'officier de santé, peu à peu, se sont retirés devant le docteur; le guérisseur a fait place au vétérinaire diplômé. Et le charlatan s'est changé en chirurgien-dentiste.

Il ne s'improvise point tel d'ailleurs et, avant de s'inscrire à la porte sévère du cabinet d'opérations, son titre est consacré par le parchemin officiel.

.**.

Les études pour le diplôme de chirurgien-dentiste ont une durée de trois ans.

Les aspirantes ou les aspirants doivent produire, pour prendre la première inscription, soit un diplôme de bachelier, soit le certificat d'études primaires supérieures.

Ils subissent, après la douzième inscription, trois examens sur les matières suivantes : *premier examen :* éléments d'anatomie et de physiologie; anatomie et physiologie spéciales de la bouche ; — *deuxième examen :* éléments de pathologie et de thérapeutique; pathologie spéciale de la bouche ; médicaments anesthésiques; — *troisième examen :* clinique ; affections dentaires et maladies qui y sont liées; opérations : opérations préliminaires à la prothèse dentaire.

Les examens sont subis au siège des Facultés et écoles de médecine, où l'enseignement dentaire est organisé, devant un jury de trois membres. Peuvent faire partie du jury des chirurgiens-dentistes et, par mesure transitoire, des dentistes désignés par le Ministre de l'Instruction Publique. Le jury est présidé par un professeur de faculté de médecine.

Les facultés de médecine de *Paris* et de *Bordeaux* procèdent aux examens qui déterminent la collation du diplôme de chirurgien-dentiste en deux sessions ordinaires, l'une dans le premier, l'autre dans le dernier trimestre de l'année scolaire. La date de chaque session est fixée, un mois à l'avance, par le doyen.

Sont admis à subir les examens en vue du diplôme de chirurgien-dentiste, avec dispense du premier de ces examens, les aspirants au doctorat en médecine pourvus de douze inscriptions, qui justifient d'une année de stage dans un service dentaire hospitalier.

Les dentistes reçus à l'étranger et qui veulent exercer en France sont tenus de subir les examens ci-dessus prévus; ils peuvent obtenir dispense partielle ou totale de la scolarité, après avis du Comité consultatif de l'enseignement public.

Voici maintenant le détail des frais à payer :

Les droits à percevoir des aspirants au diplôme de chirurgien-dentiste sont fixés ainsi qu'il suit :

12 inscriptions à 32 fr. 50, y compris les droits de bibliothèque...........................	390 fr.
Travaux pratiques :	
1re année	60
2e année............................	130
3e année............................	130
3 examens à 30 francs....................	90
3 certificats à 20 francs....................	60
Diplôme	100
TOTAL....................	960 fr.

Tout candidat qui, sans excuse jugée valable par le jury, ne répond pas à l'appel de son nom, au jour qu'il lui a été indiqué, perd le montant des droits d'examen qu'il a consignés.

Il est fait remboursement aux candidats ajournés des droits de certificat et de diplôme.

Peuvent délivrer des inscriptions en vue de l'obtention du diplôme de chirurgien-dentiste les établissements libres d'enseignement supérieur dentaires qui justifient :

1° Que leur enseignement comprend au moins un cours d'anatomie et de physiologie, un cours de pathologie, un cours sur la pathologie et la thérapeutique spéciales de la bouche, un cours de clinique dentaire;

1° Que leur personnel enseignant comprend au moins trois docteurs en médecine;

3° Qu'ils disposent au moins d'une salle de cours, d'une salle de clinique, d'un laboratoire d'histologie et de bactériologie, d'une salle de dissection anatomique, le tout muni des instruments et appareils nécessaires à l'enseignement et aux travaux pratiques des élèves.

⁂

Les établissements qui satisfont à ces conditions sont l'Ecole dentaire de France située à Paris, 5, rue Garancière, et l'École dentaire de Paris, 37, rue Rochechouart.

Le programme d'études, dans ces écoles, est sensiblement le même. On y enseigne la pathologie et la thérapeutique générale; la pathologie et la thérapeutique buccales; l'anatomie et la physiologie dentaire, humaine et comparée; la physique, l'histoire naturelle, la pharmacologie, la mécanique et la prothèse dentaire; l'on y fait des cours de micrographie et des manipulations chimiques.

Les cours qui touchent aux sciences médicales sont professés par des maîtres gradués en médecine. Les cliniques et salles d'opération sont dirigées par des chirurgiens-dentistes. Les études durent trois ans, et les frais de scolarité s'élèvent à 1.200 francs.

Après ces trois ans, les élèves peuvent obtenir le diplôme de capacité devant les Facultés de Bordeaux et de Paris.

.*.

Une fois diplômé, le futur dentiste ne devra pas songer à exercer immédiatement. Il devra se perfectionner dans la pratique de son art en s'employant chez un dentiste arrivé, soit comme mécanicien, soit comme opérateur. C'est là qu'il acquerra l'habitude du « patient » et la technique de la prothèse dentaire, en gagnant, du reste, de 150 à 350 francs par mois.

Comme, d'ailleurs, la plupart des dentistes sont docteurs en médecine, après ces trois années d'études, le jeune docteur trouvera l'emploi facile des trois années qui suivront. Il se fera recevoir docteur en médecine. Ce titre sera pour lui très utile et lui inspirera la confiance de la clientèle.

Les dentistes modernes s'efforcent de ne plus extraire les dents, mais de les guérir en les plombant, en les aurifiant, etc. Aussi la première qualité qu'ils doivent posséder doit-elle être une connaissance approfondie de leur art qui leur indique rapidement les moyens les plus aptes à conserver une dent. Il leur faut aussi une très grande sûreté de main pour épargner, autant que possible, la souffrance au malade. Presque tout le monde sait, par expérience, quel réceptacle d'insupportables douleurs sont les

dents cariées. C'est en rendant, par un tour de main
habile, ces douleurs aussi brèves et aussi rares que possible,
que le dentiste se fera la meilleure réputation.

Après la science et le tour de main, ce qu'il faut au dentiste, c'est une attitude toute spéciale qui plaise au client.
Le chirurgien, protégé par l'anesthésie complète du sujet,
n'a guère à lui en imposer. Il n'en est pas de même
du dentiste qui n'a recours, dans la plupart des cas, qu'à
une anesthésie partielle. Il doit saisir le moment où le
patient paraît le mieux décidé à supporter l'opération ;
provoquer ce moment par une contagion de sympathie, de
fermeté et d'autorité. Ce sont des qualités qu'il doit posséder dans tous les cas et dont il doit doser le mélange,
suivant la nature des sujets.

Le dentiste doit être un psychologue comme le médecin,
mais doué d'une psychologie plus rapide, plus décidée, et
par conséquent plus intuitive.

Il lui faut, enfin, une certaine force physique.

Ce que nous venons de dire sur la psychologie du dentiste n'est pas un développement fait à plaisir ; ce développement peut même prendre une valeur générale. Chaque
métier, chaque profession libérale, exige un état d'âme
spécial qu'il faut se faire, si on veut bien l'exercer et don
on doit, préalablement même, porter les germes au fond de
soi. Il y aurait un portrait-type à faire pour chaque profession, ou, si l'on veut, chaque profession exige des qualités
primordiales, essentielles, qu'un jeune homme doit sentir
en lui toutes prêtes à se réaliser avant de faire un choix.

Ces qualités, nous les indiquons de notre mieux. Mais
en les voyant énoncées, pour telle profession qu'il am-
bitionne, le jeune homme qui n'a pas le sentiment de les
posséder, qui a attendu de nous que nous les lui fassions
connaître, n'est pas fait pour cette profession. On déve-

loppe son âme, son habileté sociale; on ne la crée pas de toutes pièces.

***

La profession de dentiste n'a vraiment pris son développement que depuis une vingtaine d'années. Elle est appelée à se développer encore, au fur et à mesure que la médecine se spécialisera et que certains soins, jusqu'ici réservés aux familles aisées, se répandront parmi les classes ouvrières. Il est à prévoir que les dentistes pourront s'établir et vivre soit dans les petites villes, soit dans les quartiers ouvriers des grandes villes. Confinés jusqu'ici dans les grandes villes, ils font des chiffres d'affaires très variables et qui vont de 3.000 à 30.000 francs.

Il est interdit par la loi d'acheter un cabinet de dentiste comme de le vendre. Aussi, bien que cette interdiction puisse être tournée, le plus souvent, les jeunes dentistes fondent un cabinet, comptant, pour se faire connaître, sur quelque procédé nouveau, relatif à l'exercice de leur art.

TITRE III

LES SCIENCES APPLIQUÉES

TITRE III

LES SCIENCES APPLIQUÉES

—

LES INGÉNIEURS

Il est assez difficile de préciser le sens de ce mot : *ingénieur*. D'une façon très générale, on pourrait dire que l'ingénieur est celui qui construit des objets immédiatement utiles en s'aidant des théorèmes des mathématiques, des lois de la physique et de la chimie. L'ingénieur, pourrait-on dire encore, est le metteur en œuvre de la science.

Ingénieur, celui qui, d'après le plan de l'architecte, agence suivant des calculs précis, les matériaux du pont métallique qui enjambera le fleuve. Ingénieur celui qui, soumettant à son effort la vapeur et l'électricité dont il connaît les lois, construit les machines locomotives et automobiles. Ingénieur celui qui des théorèmes de la mécanique fait sortir les machines à tisser, à imprimer, auxquelles une courroie n'a qu'à donner le mouvement pour qu'elles accomplissent des tâches compliquées avec une lenteur et une précision merveilleuses.

Cette mise en œuvre de la science implique nécessairement de la part de l'ingénieur la connaissance de la science. Par suite, et bien qu'il n'existe aucun texte de loi pour réglementer les conditions dans lesquelles on peut prendre le titre d'ingénieur, les véritables ingénieurs ne peuvent être que ceux qui construisent d'après les lois précises de la science. A côté d'eux, peuvent se trouver les *inventeurs* qui ont l'intuition d'une machine nouvelle ou d'un perfectionnement à apporter à une machine ancienne, mais qui ont besoin de la science de l'ingénieur pour rendre leur invention réalisable.

Cette impitoyable nécessité pour l'ingénieur, de posséder une solide éducation scientifique nous amène à dire tout d'abord qu'un futur ingénieur doit se soumettre à la discipline de l'une des écoles qui préparent à cette profession. Cette remarque a son utilité parce que la tendance des jeunes gens qui ont du goût pour la construction est de vouloir se spécialiser trop tôt. Ils risquent ainsi d'ignorer bien des choses dont la connaissance même serait utile à la spécialité qu'ils ambitionnent et pourrait leur donner une intelligence plus souple, plus pratique, plus intuitive.

Ainsi l'automobile étant, à juste titre, l'industrie vers laquelle se dirigent beaucoup de jeunes espoirs, il n'est pas rare de voir des jeunes gens, dès la dix-huitième année, tenter de s'y consacrer en entrant dans une fabrique d'automobiles. Qu'y peuvent-ils faire? Apprendre à conduire une machine, à la démonter, à la conduire. Et c'est tout. La construction même de cet organisme compliqué leur est à jamais interdite, et, avec elle, les perfectionnements qu'on y peut apporter. Ils deviendront de bons ouvriers en automobiles, des commerçants, des coureurs. Des ingénieurs? Jamais. Faute d'intuition, peut-être; faute de science, certainement.

Le conseil que nous donnons aux futurs ingénieurs d'être sinon des savants, du moins des hommes qui appuient leur art sur des connaissances certaines et aussi générales que possible, peut, nous le reconnaissons, se trouver infirmer par les faits. « On a vu, par exemple, des ingénieurs dessiner assez mal; mais ils savaient, en revanche, lire admirablement les plans qu'on leur soumettait. On peut rencontrer des ingénieurs consommés, quoique d'éducation mathématique assez courte, mais remplaçant alors les lacunes qui existent dans leur instruction générale par une intuition remarquable des nécessités de la pratique; ces contrastes et, on pourrait en énumérer bien d'autres, montrent que, là comme ailleurs, la personnalité avec ses dons divers, joue le premier rôle. On dit souvent : l'*art* de l'ingénieur, et l'on marque ainsi très justement le côté par lequel la profession se rattache aux grandes manifestations du génie humain. »

Une qualité essentielle à l'ingénieur et qui pourtant reste étrangère à son éducation scientifique, c'est le sens esthétique. « Donnez un pont à construire à deux ingénieurs de même mérite. Tous deux nous apporteront des projets qui pour le but à atteindre vous donneront pleine satisfaction. Mais l'un de ces projets vous laissera froid, tandis que l'autre vous séduira et vous entraînera par des proportions plus harmonieuses, par une élégance que vous sentirez plutôt que vous ne pourriez l'expliquer. C'est que le premier aura rempli simplement les conditions du problème,

en y mettant sa *science,* tandis que le second y aura ajouté
son *art*[1]. »

* * *

Un esprit doué de bonnes dispositions pour les sciences
mathématiques et les sciences fondées sur celles-ci, un
esprit positif immédiatement disposé à faire sortir d'un
théorème des applications pratiques, un technicien habile
qui saura diriger la construction de l'œuvre conçue et
développée sur le papier, qui pourra au besoin « mettre la
main à la pâte », voilà ce que doit être l'ingénieur.

Les écoles où les ingénieurs pourront acquérir cette éducation nécessaire à l'ingénieur sont, en dehors des écoles
industrielles privées ou municipales, l'École Polytechnique,
l'Ecole centrale des Arts et Manufactures, les Ecoles des
Arts et Métiers, l'École des Mines, l'Ecole des Ponts et
Chaussées.

L'École Polytechnique forme surtout des ingénieurs de
l'État qui se répartissent en ingénieurs des Mines, des
Ponts et Chaussées, des Poudres et Salpêtres, des Manufactures de l'État, et en ingénieurs hydrographes. Après
deux ans d'études à l'École Polytechnique, les jeunes gens
qui se trouvent rangés dans les cinquante premiers
numéros du classement de sortie, choisissent, d'après leur
rang et dans l'ordre suivant, les carrières des Mines, des
Ponts et Chaussées, des Poudres et Salpêtres, des Ingénieurs
hydrographes, et des Manufactures de l'État. Avec le titre
d'élèves ingénieurs, ils suivent alors, trois ans pour

1. Repertoire des professions et métiers.

ceux des Mines et des Ponts et Chaussées, les cours des Écoles des mines et des Ponts et Chaussées, deux ans, pour ceux des Poudres et Salpêtres, les cours de l'Ecole des Mines et les exercices du laboratoire central des Poudres et Salpêtres, situés à Paris, rue de l'Arsenal, un an pour les ingénieurs des Manufactures, des cours à la manufacture de l'Etat, rue du « Gros-Caillou » à Paris, et un an pour les ingénieurs hydrographes, les cours de l'École supérieure d'hydrographie. Enfin les ingénieurs des constructions navales également sortis de l'Ecole Polytechnique suivent pendant deux ans l'Ecole d'application du génie maritime. Les élèves ingénieurs touchent une indemnité annuelle de 2.000 francs. Leur stage terminé et leur diplôme d'ingénieur obtenu, ils suivent la carrière.

L'Ecole Centrale et les Écoles des Arts et Métiers forment des ingénieurs civils, c'est-à-dire les ingénieurs libres qui consacrent leurs connaissances spéciales aux entreprises d'intérêt privé.

Aucun diplôme n'est exigé pour prendre part au concours d'admission à l'École Centrale; mais la préparation à l'École Centrale nécessite pour être suivie avec fruit des connaissances scientifiques du degré du baccalauréat. Elle est, en moyenne, de deux ans, et comporte un cours de mathématiques spéciales, renforcé par beaucoup de dessin et de géométrie descriptive. Il y a deux sessions d'examens pour l'Ecole Centrale, l'une en juillet, l'autre en octobre. Le séjour à l'École est de trois ans. Avant un arrêté de 1899, les élèves, dès le milieu de la seconde année, se spécialisaient en mécaniciens, constructeurs, métallurgistes, chimistes. Actuellement les cours des trois années sont communes. Et les élèves ne se spécialisent qu'à la sortie. La tâche est d'autant plus ardue à l'Ecole Centrale que les élèves y sont externes et ont à se défendre contre les entraînements de la grande ville. Ils prennent leur repas de midi à l'École, suivent les cours, le matin et, l'après-midi, sont répartis en salles de douze élèves. Les frais d'études à Centrale sont de 100 francs par mois environ. Si l'on y ajoute les frais d'entretien à Paris, cela fait au minimum par an une somme de 3.000 francs pour le budget d'un élève de Centrale. L'Ecole reçoit 230 élèves par an, sur lesquels 150 environ obtiennent le diplôme d'ingénieur civil, une trentaine le certificat, et les autres, rien du tout. Les élèves certifiés peuvent concourir à nouveau pour le diplôme pendant les cinq années qui suivent leur sortie de l'École.

Les Ecoles d'Arts et Métiers forment, autant que des ingénieurs, des ouvriers capables de devenir des chefs d'atelier et des industriels rompus à la pratique des arts mécaniques. Elles sont établies dans les villes d'Aix, d'Angers, de Châlons et de Lille. La durée des études y est de trois ans; le prix de la pension, de 600 francs par an. Les jeunes gens entrent dans ces écoles, après concours, de quinze à dix-sept ans. Ils peuvent en sortir avec le titre d'elèves brevetés des Écoles Nationales d'Arts et Métiers. Les connaissances exigées à l'entrée sont à peu près de la force du brevet élémentaire; celles que l'on possède à la sortie sont celles du baccalauréat ès sciences. Mais elles sont renforcées d'un précieux appoint de connaissances techniques et d'habileté pratique relative au travail des métaux, du bois, etc. Dans les Écoles d'Arts et Métiers, l'atelier, la forge, le laboratoire ont plus de place que la salle de cours; aussi peut-on dire que si un élève, surtout à une École d'Arts et Métiers n'est pas apte aux grands travaux de l'ingénieur, il possède du moins toutes les aptitudes pratiques et toutes les connaissances générales pour se placer et réussir dans une industrie quelconque. Après un an de préparation, les bons élèves sortant des Écoles des Arts et Métiers peuvent d'ailleurs entrer à l'École Centrale.

*
* *

Après avoir indiqué les qualités qui s'imposent aux futurs ingénieurs et les Écoles où ils sont assurés de les acquérir, voici maintenant les principaux débouchés qui s'offrent à eux.

L'industrie du gaz, les *industries chimiques* (brasserie, distillerie, huilerie, papeterie, raffinerie, sucrerie, teintureries, blanchiment, apprêts); les *industries textiles* (coton, lainage, soie, tissus divers); les *industries mecaniques* (automobiles, bicyclettes, boulonnerie, chaudronnerie, machines à vapeur, agricoles); la *metallurgie*, les *mines*; les *industries ceramiques* (beton, chaux, ciment, plâtre, brique, tuilerie, produits réfractaires).

Parmi les anciens élèves de l'École Centrale, se trouvent également des avocats-conseils, en matière de propriété industrielle, des fonctionnaires, tels que les agents voyers en chef de département, des inspecteurs du travail, des experts près les tribunaux.

Les chemins de fer offrent enfin de nombreux débouchés, tant aux élèves de l'École Centrale qu'aux Elèves des Arts et Métiers.

*
* *

Comment entrer dans ces diverses carrières? C'est assurément une question de chance, de protections, de savoir, de relations. Sans doute l'Ecole Centrale, les Écoles d'Arts et Métiers placent leurs meilleurs élèves au moyen surtout de leurs sociétés d'anciens élèves. Mais elles sont impuissantes à placer tous leurs élèves. Et les débuts du jeune ingénieur sont durs, d'autant plus que, pour se faire une expérience de sa profession et des affaires, il doit tout d'abord traverser différentes situations plutôt que s'y confiner. Qu'il ne se décourage pas, pourtant. Il n'y a pas d'exemple qu'avec une connaissance technique aussi vivante, aussi facilement négociable, disons-nous, que celle de l'ingénieur, on se trouve dans l'impossibilité de bien gagner sa vie.

Il est bien difficile de parler avec précision des appointements des ingénieurs. Ils subissent assurément les fluctuations du commerce et de l'industrie. L'échelle suivant laquelle ils se développent est de 5.000 à 15.000 francs. Mais il y a plus de situations d'ingénieur au-dessus de 15.000 francs qu'au-dessous de 5.000 francs.

*
* *

Il nous est plus facile d'apprécier la carrière des ingénieurs des chemins de fer, au sujet desquels nous donnons la monographie suivante, employée au *Dictionnaire des Professions et Métiers*.

Les conditions d'entrée se réduisent à un examen élémentaire passé dans les bureaux du service central. Toutefois les emplois supérieurs du service sont le plus souvent réservés aux jeunes gens ayant fait des études spéciales, c'est-à-dire aux élèves des Écoles des Arts et

Métiers, de l'École Centrale, Polytechnique, etc. Mais, quelle que soit l'origine du débutant et le service de son choix : traction, matériel ou ateliers, il est envoyé tout d'abord dans un atelier de construction ou de réparations de machines, en qualité d'ouvrier, et fait partie d'une équipe aux travaux de laquelle il doit participer.

Il lui faut alors endosser la cotte et le bourgeron pour manier la lime et le marteau, sans être obligé toutefois de produire autant qu'un ouvrier d'état. De grandes facilités lui sont accordées pour bien se mettre au courant de toutes les parties du travail et pour connaître l'assemblage et le fonctionnement des différentes pièces d'une locomotive.

Le temps passé ainsi à l'atelier varie avec le service auquel le jeune homme se destine.

Service de la traction. — S'il entre au service de la traction, il est, après six ou huit mois de stage, admis à monter sur les machines en qualité de chauffeur ou d'élève mécanicien. Il fait alors le service entièrement, c'est-à-dire qu'il charge le feu, graisse la machine, la nettoie et l'entretient. C'est là certes un dur apprentissage pour des jeunes gens instruits ; mais il n'en manque pas cependant qui désirent le faire, et il est arrivé plus d'une fois à un ingénieur de reconnaître, sous le costume de travail du chauffeur, un jeune camarade qui, l'année précédente, portait encore l'uniforme de polytechnicien.

Après un an environ, et s'il a prouvé qu'il connaît les règlements, qu'il sait conduire une machine et parer aux avaries qui peuvent survenir en cours de route, il est promu mécanicien. Il est encore assimilé à ses collègues et assume les mêmes responsabilités. Enfin, lorsqu'il a conduit successivement les machines à marchandises, à voyageurs et de vitesse, lorsqu'il a fait preuve d'intelligence, d'énergie et de sang-froid, il est appelé aux fonctions de chef-mécanicien d'abord, puis de sous-chef de dépôt et chargé, avec ses collègues, d'organiser et de surveiller les services des mécaniciens et des machines d'un dépôt.

Ce ne lui est plus alors qu'une question de temps et de travail pour parvenir aux grades de chef de dépôt, puis plus tard, de chef-adjoint de traction et même d'ingénieur ou chef de traction.

Quelques jeunes gens, après avoir fait le service de sous-chef de dépôt, sont appelés soit au bureau de l'ingénieur principal, soit à celui d'un ingénieur en chef de traction, en qualité de contrôleur, sous-inspecteur ou inspecteur. Ils rentrent le plus souvent dans le service actif proprement dit, les uns comme chef de dépôt, les autres comme chefs-adjoints de traction.

Les traitements, pour ces différentes fonctions, sont compris à peu près dans les limites suivantes :

QUALITÉS	TRAITEMENTS	GRATIFICATION
Ingénieur principal de traction............	14 000 à 18.000	2.500 à 4.000
Ingénieur ou chef de traction	9.000 à 15 000	1.500 à 2 500
Chef de traction adjoint	7 000 à 9.000	1.000 a 1·500
Sous-inspecteur et inspecteur............	3.000 à 7.000	400 à 1.000
Chef de dépôt............	6.000 à 8 000	(primes comprises)
Sous chef de dépôt..........	4.000 a 6 000	—
Mécanicien..............	2 400 à 4 000	—
Chauffeur............	1.500 à 2 400	—
Agent à l'étude............	1.500 à 1 800	—

Service du matériel roulant. — Après avoir passé six ou huit mois dans un atelier de machines, le jeune homme est envoyé dans un atelier de construction de voitures et wagons, pour y faire un stage analogue, mais d'une durée plus longue.

Selon son instruction et les qualités qu'il a pu montrer, il est nommé contremaître ou sous-inspecteur, puis contremaître principal ou inspecteur, et enfin sous-chef et chef d'atelier.

D'autres fois, il est appelé au bureau de l'ingénieur principal en qualité de sous-inspecteur et chargé de réceptions ou d'études diverses. Il passe ensuite inspecteur et peut être mis à la tête d'une section, au service des lignes, puis rentrer ensuite dans les ateliers comme sous-chef.

Service des ateliers de machines. — Si, au contraire, ce jeune homme se destine aux ateliers de machines, c'est dans ceux-ci qu'il accomplit tout son stage, et il y suit la même filière que dans les ateliers du matériel roulant. C'est généralement parmi les sous-inspecteurs ou inspecteurs des ateliers de machines que sont recrutés les agents supérieurs du service des études. Les traitements approximatifs sont donnés ci-dessous :

QUALITÉS	TRAITEMENT	GRATIFICATION
Ingénieur principal du matériel roulant ou des ateliers de machines.........	12.000 à 18 000	2.500 à 4 000
Chef d'atelier..	7.000 à 12 000	1.000 à 2 000
Sous chef d'atelier..........	5.000 à 7.0 0	500 à 1.000
Sous inspecteur et inspecteur	2 400 à 7.000	300 à 1.000
Contremaître principal......	4.000 à 5.000	400 à 500
Contremaître.............	2 400 à 4 000	200 à 400
Agent à l'étude.............	1.500 à 1.800	

Service des travaux ou de la voie. — Dans le service de la voie, il est indispensable, pour pouvoir occuper un poste de direction, de posséder des notions de géométrie et de construction ; aussi est-il rare qu'on y arrive sans sortir au moins d'une École d'Arts et Métiers, et encore les hauts grades sont-ils réservés le plus souvent aux ingénieurs que fournissent les grandes Écoles de l'État.

Cependant aucun diplôme n'est exigible et, pour tous, les débuts sont modestes.

Attaché d'abord en qualité de dessinateur au bureau d'un chef de section ou d'un ingénieur, le jeune homme est chargé d'exécuter des plans, de faire des projets, des études, etc...

Lorsqu'on le juge suffisamment au courant, il est envoyé sur les travaux, dans une section d'entretien, en qualité de surveillant ou de chef de district et a, en conséquence, la direction de plusieurs équipes, la surveillance, et l'entretien de quelques kilomètres de voie, etc... C'est là un poste entièrement pratique, où il acquiert les connaissances nécessaires pour passer sous-chef de section.

Comme sous-chef de section, sa surveillance s'étend sur plusieurs districts ; il est chargé, en outre, d'études particulières, de modifications de voies et bâtiments avec devis estimatifs, de levés de terrains, etc... etc...

S'il sait, dans ce poste, montrer des qualités d'intelligence et de savoir, il est ensuite promu chef de section, c'est-à-dire en quelque sorte ingénieur secondaire d'une section de la voie.

Ce n'est qu'avec le temps qu'il peut ensuite parvenir sous-ingénieur et quelquefois ingénieur principal de division.

Quelques jeunes gens, après avoir passé sur les travaux, sont appelés aux emplois techniques du service administratif, avec le titre de sous-inspecteur ou inspecteur, et sont attachés soit aux services du matériel fixe et des études, soit à ceux de l'architecture, du gaz et de l'éclairage, etc...

Les traitements pour ces différents emplois sont à peu près les suivants :

QUALITES	TRAITEMENT	GRATIFICATION
Ingénieur principal..........	10 000 à 15.000	2.000 à 3.000
Sous-ingénieur	6.000 à 9.000	800 à 1.500
Sous-inspecteur et inspecteur........................	2.400 à 6.000	300 à 1.000
Chef de section.	3.500 à 6.000	400 à 800
Sous-chef de section........	2 400 à 3.500	100 à 500
Chef de district............	1.800 à 3.000	200 à 300
Agent a l'etude	1 500 à 1.800	

C'est avec intention que l'on n'a pas insisté sur les emplois administratifs des deux derniers services, qui sont de même nature que ceux dont nous avons parlé plus haut, et auxquels sont attribués les mêmes traitements.

Nous ferons encore remarquer que les traitements que nous avons donnés n'ont rien d'absolu. Ils varient, dans chaque compagnie de chemins de fer, avec l'ancienneté et les services de l'agent. Nous n'avons pu donner qu'une moyenne approchée, à laquelle, dans certains cas, il y aurait lieu d'ajouter des frais d'indemnité de logement et de déplacement.

LES CHIMISTES

Quand nous lisons chaque année, dans les journaux, que 4.000 jeunes gens environ se sont présentés tant à l'École de Saint-Cyr qu'à l'Ecole Polytechnique et que, sur ce nombre, 3.400 ont été éliminés, nous croyons véritablement rêver. Il nous semble impossible que tant d'intelligences jeunes et actives se livrent aux hasards d'une véritable loterie et se nourrissent, exclusivement, de sciences pures, dont elles ne pourront faire que très lentement, après de nouvelles études, l'application à la vie. Nous ne comprenons pas que des jeunes gens préfèrent l'incertitude d'un concours où, en dépit de leur travail, le hasard est président du jury, à l'incertitude de la vie, où ils ont du moins pour se défendre leur pensée, leur énergie et leurs mains.

Aussi ne saurions-nous trop recommander aux jeunes gens, bacheliers ou non, qui ont des aptitudes pour les sciences physiques, les écoles où ils développeront ces aptitudes.

Heureusement ces écoles se multiplient, et l'on finit par s'apercevoir, même en France, qu'elles seront l'un des facteurs les plus importants du progrès et de l'industrie. Elles ne sont pas moins estimées d'ailleurs à l'étranger et, tout récemment, l'empereur Guillaume II disait des « Technisse Hochschülen » qu'elles faisaient la force et la grandeur de l'Allemagne.

L'impulsion est assurément donnée. Bien des collèges, même dans des villes de moyenne importance, attachent à leurs collèges des sections industrielles. C'est ce qui s'est fait par exemple depuis un certain temps à Epinal et à Saumur. Nos Facultés des sciences s'attachent des Instituts de chimie appliquée dont les cours sont adaptés aux besoins de la région.

Il y a un Institut chimique à Paris; il y en a un autre à Nancy, auquel est annexé une Ecole de brasserie.

On entre directement dans ces Instituts avec le baccalauréat. Les élèves qui en sont dépourvus doivent subir pour y entrer un examen de la force du certificat d'études primaires supérieures et qui est destiné à montrer si l'élève est assez instruit pour suivre utilement les cours de l'Institut.

A l'Institut chimique de Paris, les cours sont les suivants :

Première année. — Préparation des composés des métalloïdes et des métaux; analyse qualitative; éléments de la spectroscopie; chimie physique; travail du verre et langue anglaise.

Deuxième année. — Analyse quantitative (volumétrie et gravimétrie); préparation des composés de la chimie organique; détermination de quelques constantes physiques; exercices de conversation en langue anglaise.

Troisième année. — Chimie industrielle organique et minérale ; électrochimie ; étude de la langue espaguole.

En dehors de ces cours qui donnent la science théorique, les élèves sont tenus, pour acquérir la pratique, à trente heures de laboratoire par semaine.

L'École municipale de Physique et de Chimie industrielle à Paris, est organisée sur les mêmes bases.

Nous pouvons encore citer dans le même ordre d'enseignement l'École nationale des Industries agricoles (brasserie, distillerie, sucrerie) installée à Douai (Nord). Elle a pour but de répandre l'instruction professionnelle, de préparer et de former pour la conduite des sucreries, des distilleries, des brasseries et autres industries annexes de la ferme, des hommes capables de les diriger et des collaborateurs de tous ordres en état d'aider les chefs de ces diverses industries agricoles. Elle sert, en outre, d'école d'application aux élèves sortant de l'Institut agronomique et des Écoles nationales de l'État. Ces élèves prennent le titre d'élèves stagiaires. Elle peut recevoir encore, dans les laboratoires, les personnes désireuses d'étudier une industrie agricole ou une question spéciale à ces industries.

*
* *

Il n'est pas demandé de diplômes pour l'entrée dans les écoles de chimie. Elles ont à peu près le même programme d'entrée. Voici le programme d'entrée à l'école de Lyon.

Épreuves obligatoires écrites

1° Composition française, de moyenne difficulté et d'une trentaine de lignes environ, coefficient, 1.

2° Une composition de chimie, coefficient, 1.

3° Une composition de physique, coefficient, 1.

4° Une composition de mathématiques, portant sur l'arithmétique, l'algèbre et la géométrie, coefficient, 2.

Épreuves obligatoires orales

1° Interrogations sur l'arithmétique, l'algèbre et la géométrie élémentaire, coefficient, 1.

2° Interrogations sur la physique élémentaire, coefficient, 1.

3° Interrogations sur la chimie minérale, coefficient, 2.

Épreuves facultatives

Les candidats peuvent demander à être interrogés sur une ou plusieurs branches indiquées ci-dessous, en dehors du programme des épreuves obligatoires.

1° Chimie : Chimie organique ; chimie industrielle ; chimie analytique.

2° Physique : Physique supérieure.

3° Mathématiques : Trigonométrie; mécanique; géométrie descriptive; algèbre supérieure; géométrie analytique.

4º Sciences naturelles : Zoologie ; botanique ; biologie.

5º Langues vivantes : Allemand; anglais; italien. Traduction et conversation.

Les coefficients applicables aux matières facultatives sont fixés par le jury; néanmoins, le maximum des points relatifs à ces matières ne peut dépasser le 1/4 du maximum des points applicables aux matiè.es obligatoires.

Pourtant la carrière de chimiste est de celles sur lesquelles il faut faire le plus de réserve, parce qu'il est très difficile de diagnostiquer si vraiment, vers la dix-huitième année, un jeune homme a des dispositions pour la chimie.

A la rigueur, on peut dire de lui : « C'est un garçon qui se tire bien d'affaires en mathématiques et qui arrivera à Polytechnique » ; ou bien : « c'est un esprit facile, brillant, qui réussira vite à une licence de lettres ». On ne peut pas dire du jeune homme qui s'attarde au laboratoire : voilà un futur chimiste.

Les qualités du chimiste sont en effet des plus rares et des plus fortuites mêmes qui soient dans un esprit humain. Il faut au chimiste un sens de l'observation des petits faits qui est inné et une tendance à pressentir le résultat de ses expériences qui est comme un don de seconde vue.

N'allez donc pas croire, parents naïfs, que votre fils fera un bon chimiste, parce qu'il a « de bonnes places, en cette matière, dans sa classe », ou qu'il s'amuse volontiers à faire fondie du cuivre dans de l'acide sulfurique. Tout cela n'est pas même l'apprentissage de la chimie, ce n'en est que la caricature. Ne vous fiez pas à ces vagues dispositions, et n'ayez confiance en votre futur chimiste que s'il est en toutes matières un excellent élève et vous donne les meilleures garanties qu'il est capable d'accepter sa tâche avec autant de goût que de sérieux.

Surtout, gardez-vous du chimiste de quinze ans qui se « formera par la pratique ». Il y a bien des chances pour qu il ne soit jamais qu'un paresseux et qu'il achève sa vie (dans quelque vague laboratoire), à tourner des robinets.

MM. Berthelot et Pasteur se sont spécialisés assez tard. Il y a lieu de suivre leur exemple.

Pour les chimistes comme pour les ingénieurs, il est assez difficile d'indiquer un avenir précis. Celui-ci dépend des relations du jeune homme, du milieu dans lequel il débute, des découvertes qu'il peut faire, de son activité.

Il faut constater d'autre part que toutes nos écoles de chimie font de louables efforts pour trouver à leurs élèves diplômés des débouchés et des situations. En relations avec les grandes industries au milieu desquelles elles se sont fondées, les directions de ces écoles font le meilleur office de placement.

Quoi qu'il en soit, les débuts sont modestes. Ils ne dépassent guère des traitements de 1800, à 2.400, rarement 3.000 francs.

Dans la suite, un chimiste qui a vieilli dans une fabrication, qui en connaît les secrets, et duquel on attend ses perfectionnements peut atteindre 10.000 francs.

En fait, c'est depuis peu de temps qu'on voit le chimiste se spécialiser dans les différentes industries, et sa situation n'a pas pris encore toute l'importance qu'elle peut avoir. Mais nul doute qu'avec le temps, le chimiste apparaisse comme l'âme même de l'industrie, et que sa situation y devienne de plus en plus prépondérante.

Les élèves diplômés des écoles de chimie trouvent encore à se placer, soit dans l'industrie privée, soit dans les laboratoires spéciaux d'analyses de l'État et des grandes villes : laboratoire de la Préfecture de police à Paris, du ministère du Commerce, des Douanes, des Contributions indirectes, etc.

Nous relevons sur le *Bulletin de l'Association des anciens élèves de l'École de chimie de Lyon*, les noms suivants qui renseigneront mieux que des phrases nos lecteurs sur les situations que l'on peut obtenir en sortant des écoles de chimie.

MM. Balthazard (1883-1885), chimiste à la Société chimique des usines du Rhône, à Saint-Pons (Rhône).

Egraz (1883-1885), directeur de l'usine à gaz de Saint-Pons (Rhône).

Pervet (1883-1885), chimiste dans une grande maison de New-York.

Schinidt (1883-1885), chimiste de la Société chimique des usines du Rhône, à Saint-Pons.

Seyewetz (1884-1886), sous-directeur de l'École de chimie industrielle, chimiste à la Société anonyme des plaques et papiers photographiques A. Lumière et ses fils.

Martin d'Aygueperse (1885-1887), directeur de l'usine de caoutchouc de la Société anonyme des spécialités mécaniques, rue Saint-Ambroise, 25, Paris.

Voilà pour les anciens, quelques anciens.

Voyons maintenant ce que sont devenus quelques élèves des derniers sortis :

MM. Alix (1898), chimiste à la Compagnie du gaz de Saint-Pons (Rhône).

Bermond (1898), chimiste à la Compagnie Rio-Tinto, à l'Estaque, près Marseille.

Courtois (1898), chimiste au laboratoire municipal de Lyon.

Gros (1898), chimiste aux établissements Mortiguier, à Ayde (Hérault).

Montibert (1898), chimiste au laboratoire départemental de Chambéry.

Rougy (1898), chimiste à la Société toulousaine d'électricité, à Toulouse.

Les lecteurs qui ont parcouru la liste ci-dessus, auront été frappés de ce fait que 3 anciens élèves sont chimistes à Saint-Pons (Rhône). Il est manifeste que les anciens auront aidé à placer les nouveaux, et l'association d'anciens élèves doit aider considérablement les élèves sortants et affiliés à l'association, à trouver des situations au sortir de l'école.

Or ce que nous disons, à propos d'une école de chimie, on pourrait le retrouver à propos de toutes les autres.

ÉLECTRICITÉ

Il est presque inutile de parler des progrès que fait chaque jour l'électricité. Éclairage, traction, électrochimie, distribution de force, médecine, chauffage, cette fée insaisissable envahit peu à peu tous les compartiments de notre vie moderne.

Ces progrès ne sont pas près de s'arrêter. Nos descendants connaîtront sans doute les trains éclairés, chauffés et mus par l'électricité ; les stations électriques où s'approvisionneront les véhicules. Enfin, grâce au parti que l'on tire des chutes d'eau, « la houille blanche », de plus en plus, dans les moindre usines, de l'électricité remplacera la vapeur.

L'industrie de l'électricité, qui offre déjà de nombreux débouchés, en offrira dans la suite de plus nombreux encore.

Le Constructeur et l'Ingénieur auront certainement à s'y déployer.

Mais nous ne saurions trop conseiller aux jeunes gens de ne pas se contenter, dans cette branche de l'industrie, de la pratique seule. Ils ne pourraient dépasser, soit dans la construction des appareils, soit dans leur direction, la condition d'ouvrier constructeur. Il est vrai qu'elle n'est pas à dédaigner, puisqu'un ouvrier électricien gagne de 8 à 10 francs par jour.

Pour s'élever au-dessus de cette situation, les jeunes gens, après de bonnes études scientifiques, devront suivre les cours des instituts industriels, ou mieux encore ceux des écoles spéciales d'électricité. Paris a compté deux, et comme elles sont assez peu connues nous allons leur consacrer quelques mots.

L'École supérieure d'électricité, fondée en 1894 et située à Paris, 12 et 14, rue de Stael, comprend deux catégories d'élèves : les élèves dont l'admission est prononcée à la suite d'un concours d'entrée qui a lieu tous les ans, dans la première quinzaine d'octobre, et les élèves diplômés des grandes Écoles de l'État qui désirent compléter leurs études en les dirigeant vers la pratique.

En 1902, 14 polytechniciens et 20 élèves de Centrale suivaient les cours de l'école. Les cours durent un an. Les frais de scolarité pour cette période sont de 1.000 francs.

Le concours des élèves de la première catégorie comporte :

Aux *epreuves écrites* :

Des problèmes sur l'électricité générale; un calcul logarithmique; un croquis à main levée.

Et aux *épreuves orales* :

Des interrogations sur l'électricité générale; sur les mathématiques; sur la mécanique appliquée; sur la physique générale et sur la chimie élémentaire; un calcul à la règle.

La plupart des jeunes gens qui suivent les concours de l'École d'électricité sont licenciés ès sciences. Ce sont pour la plupart, des étudiants qui se sont aperçus de la maigre situation que pouvait leur offrir l'Université, et qui, ont courageusement tourné court pour faire de l'Industrie.

L'enseignement de l'école est à la fois oral et pratique. *L'enseignement oral* comprend : Un cours sur l'électrotechnique générale; un cours sur les mesures électriques; une série de conférences sur des sujets spéciaux. *L'enseignement pratique* comporte : des exercices de laboratoire ; des exercices d'atelier; des essais de machines; des visites d'usines; des stages dans les principaux secteurs de Paris.

Les élèves subissent deux examens : l'un, vers le milieu de l'année, devant le personnel de l'école ; l'autre, vers la fin de juillet, devant un jury que désigne le conseil de perfectionnement. Un diplôme *d'ingénieur électricien* est la sanction des études.

* ⁂ *

L'école pratique d'Électricité industrielle, située également à Paris, 53, rue Belluard, a surtout pour but de donner à ses élèves les connaissances utiles pour établir, diriger ou conduire une installation électrique.

Conditions d'admission. — L'école admet, sans concours, des élèves réguliers et des auditeurs libres français ou étrangers.

Les élèves réguliers doivent être âgés de seize ans révolus.

Leur inscription se fait au siège de l'école, jusqu'à concurrence du nombre d'élèves qu'elle peut recevoir.

Les auditeurs libres sont admis à suivre les cours, les conférences et les exercices pratiques, sur demande spéciale adressée par écrit au Directeur.

Régime. — Durée des études. — Le régime de l'école est l'externat. — Le directeur indique aux familles qui le désirent des établissements pouvant recevoir les élèves en pension.

La durée normale des études est de deux années.

L'année scolaire commence le deuxième mardi d'octobre et se termine fin juillet.

Enseignement. — L'enseignement porte spécialement sur la construction, le montage, l'installation, la conduite, l'entretien, les réparations, etc., des appareils de production et d'utilisation d'énergie électrique.

Il se compose :

1º De cours théoriques et de conférences sur des sujets d'actualité industrielle ;

2º De démonstrations sur les machines et appareils ;

3º De manipulations, mesures et exercices pratiques ;

4º D'exercices de laboratoire et d'atelier ;

5º D'études de projets avec devis ;

6º De visites d'usines ;

7º De stages dans les usines.

Interrogations. — Un système d'interrogations périodiques, fonctionnant en dehors des cours, permet de contrôler le travail des élèves et les familiarise avec les épreuves des examens. Les notes obtenues dans les interrogations comptent avec les notes des examens trimestriels pour le classement.

7*

Machines et collections. — L'école met à la disposition de ses élèves des machines, des appareils de mesure, des tableaux de distribution, des lampes, etc., en un mot tout ce qui est nécessaire pour l'étude pratique de l'électricité.

Diplômes. — A la fin de la deuxième année d'études, les élèves réguliers qui ont satisfait à toutes les épreuves réglementaires de l'enseignement sont admis à un concours général.

Le jury de concours est composé de professeurs auxquels sont adjoints des ingénieurs étrangers à l'école et des industriels.

La liste des diplômes obtenus est arrêtée et publiée par décision du Directeur de l'école.

Frais d'études. — Le prix de l'enseignement est de 600 francs par an.

*
* *

Les programmes que nous venons d'indiquer nous ramènent à ce que nous avons déjà dit pour la chimie, à savoir que pour devenir ingénieur électricien il faut avoir fait de longues études techniques. Le petit prodige qui pose à douze ans une sonnette électrique montre simplement qu'il est habile de ses doigts, non qu'il a du goût pour l'industrie électrique.

On peut même dire que plus cette industrie se développera, plus elle se fermera à ceux qui ne veulent pas faire des études suffisantes dans les sciences mathématiques, mécaniques, physiques, dont elle relève.

Donc, en électricité comme en chimie, il est prudent de ne pas se spécialiser trop tôt.

Ceci dit, l'industrie électrique se divise actuellement en deux branches : l'industrie de fabrication et l'industrie d'exploitation. La première s'occupe des installations électriques et de la fabrication des appareils nécessaires à ces installations; la seconde utilise la force électrique pour l'éclairage, la traction, l'exploitation des mines, la soudure des métaux, la fabrication de certains produits chimiques, etc.

Dans les industries de fabrication, l'ingénieur doit être d'abord un ouvrier habile et un bon dessinateur. Dans les industries d'exploitation, ses connaissances devront varier avec l'usage que l'on fait de la force électrique. C'est la mécanique qui devra prédominer dans les connaissances de l'ingénieur, s'il s'occupe de traction; la chimie, s'il s'occupe de fabrication, etc.

Comme pour toutes les situations d'ingénieur, un stage d'un an ou deux est donc nécessaire dans la situation d'ingénieur électricien.

Quant aux appointements ils sont assez difficiles à préciser. Les débuts ne dépassent guère 200 francs par mois et, d'autre part, il n'est pas rare qu'un ingénieur électricien expérimenté atteigne un millier de francs par mois. Là comme ailleurs, le succès est une affaire de chance, d'invention et de mérite.

LES GÉOMÈTRES

La profession de géomètre est entièrement libre. Elle n'exige aucun diplôme. Elle n'est préparée non plus dans aucune école spéciale. Car l'école d'ingénieurs géographes, destinée à former surtout des géomètres pour le cadastre, qui avait été fondée par la Convention, fut rapidement supprimée.

Les fonctions de géomètre consistent surtout en travaux d'arpentage, de levé de plan, de division de terrain et de nivellement. Ce n'est guère qu'à Paris, du reste, qu'elles peuvent donner lieu à la formation de cabinets spéciaux pouvant rapporter jusqu'à 20.000 francs par an. Dans les départements, les travaux du géomètre incombent ordinairement au conducteur des ponts et chaussées, à l'agent-voyer, à l'instituteur.

En Algérie et en Tunisie, vu les travaux de lotissement qu'exige la colonisation, il y a plus de place pour les géomètres libres, même à côté du service topographique et du service de la propriété indigène, qui sont officiellement organisés.

Les fonctions des géomètres n'ont donc pas actuellement une grande importance. Celle-ci augmenterait de beaucoup si la réfection du cadastre était décidée. On calcule en effet que cette gigantesque opération d'abornement ne coûterait guère moins que 200 millions.

La ville de Paris a organisé un véritable service topographique, dont les employés sont des fonctionnaires touchant des appointements fixes, et une retraite au bout de trente ans de service. Certaines grandes villes de province ont suivi son exemple.

On n'en pourrait dire autant de l'État, car ses géomètres, payés à la tâche, ne sont qu'à demi fonctionnaires.

Les élèves géomètres, reçus après concours, reçoivent une indemnité de 120 francs par mois pendant une période de six mois au moins et d'une année au plus, à partir du jour de leur entrée en fonctions.

Passé ce délai, ils sont rétribués exclusivement à la tâche, à raison des travaux qui leur sont confiés et comprenant les indemnités allouées par les tarifs réglementaires pour l'exécution de ces travaux. Ce sont de véritables entrepreneurs qui répondent de la bonne exécution des travaux qui leur sont confiés.

TITRE IV

LES AFFAIRES

TITRE IV

LES AFFAIRES

———

AGENTS DE CHANGE

On pourrait définir les agents de change, des courtiers en argent, ou plutôt en titres. Ce sont eux, en effet, qui servent d'intermédiaire entre les acheteurs et les vendeurs pour toutes les valeurs inscrites à la cote officielle de la Bourse. Parmi ces valeurs se trouvent notamment les rentes d'État, les actions et obligations françaises et étrangères.

Ces négociations s'opèrent soit au comptant, soit à terme

Les opérations au comptant se font argent contre titre. Elles sont les plus rares.

Les opérations à terme peuvent être faites de deux façons. Ou bien le client achète réellement des titres en s'engageant à les payer dans un délai déterminé. Ou bien le client n'achète que fictivement des valeurs, se réservant de les revendre à un moment déterminé. Il gagne ou perd alors la différence entre le prix d'achat et le prix de vente.

Les opérations qui sont les plus fréquentes prennent d'autant plus d'importance que la négociation fictive des titres n'a pas pour objet les titres eux-mêmes mais l'intérêt qu'ils rapportent : c'est en réalité la *rente* qui est négociée.

Si Pierre achète pour 1.000 francs de rente d'un titre à 3 0/0, c'est en réalité pour 33.000 francs de titres qu'il achète. Dans le cas où le montant de la rente achetée, au moment où il donne l'ordre de vente, est à 1.100 francs, c'est 31.000 francs qu'il met sur le marché ; d'où un gain de 3.000 francs pour 1.000 francs mis en circulation. Dans le cas contraire, c'est une perte de 3.000 francs.

De telles opérations ne peuvent se faire sans une couverture déposée chez l'agent de change ; c'est-à-dire une somme qui garantisse en cas de perte les opérations du client.

Nous n'avons pas la prétention d'ailleurs d'indiquer toutes les variétés d'opérations qui se traitent en bourse. Les principales que nous venons d'indiquer suffisent à nous renseigner sur les qualités que doit posséder l'agent de change.

Il lui faut tout d'abord la perspicacité et l'esprit d'intuition qui lui permettent de prévoir les fluctuations de la bourse afin d'être en mesure ou de renseigner ses clients ou de traiter, de soi-même, les affaires de ceux qui se confient à lui. Il lui faut un esprit prompt au calcul et habile à saisir toutes les combinaisons d'une opération autant qu'à les corriger et à proposer d'autres solutions.

A ces qualités, l'agent de change doit joindre une grande puissance de travail. Homme de cabinet le matin, pour recevoir ses clients, dépouiller sa correspondance et diriger sa maison, il doit être, l'après-midi, l'homme de la bourse et se tenir autour de la corbeille pour y exécuter les ordres des clients. Le soir, enfin, il doit être homme du monde, toujours à l'affût des nouvelles, des conversations, des opinions, d'hommes politiques, de journalistes, de financier d'après lesquelles, aidé de son expérience propre, il essaiera de deviner les cours du lendemain.

Du reste, ces qualités sont loin de suffire, car les charges d'agents de change se paient actuellement de 1.500.000 francs à 2 millions. A cette somme il faut ajouter un cautionnemeut de 250.000 francs, un versement de 100.000 francs à la caisse commune de la Compagnie des Agents de change, un fonds de roulement et un fonds de réserve qui, réunis, ne sont guère au-dessous de 500.000 francs.

L'agent de change titulaire a d'habitude deux, trois ou quatre associés. Mais il doit, pour son compte, posséder le quart du total des sommes que nous venons d'indiquer.

L'agent de change est un officier ministériel, nommé par décret du Président de la République sur la proposition du Ministre des Finances. Il doit réunir les conditions suivantes :

1° Être Français et être âgé de vingt-cinq ans au moins;

2° Présenter un certificat d'honorabilité signé d'un certain nombre de négociants connus sur la place;

3° Être agréé par la Chambre syndicale et ensuite par le Gouvernement.

Le nombre des agents de change, déterminé par la loi, est aujourd'hui de 276 pour toute la France. Paris en compte 60 ; Lyon, 30 ; Marseille et Bordeaux, 20.

Les affaires des agents de change sont soumises au contrôle de la Chambre syndicale. Elle administre le fonds commun, alimenté par la somme de 100.000 francs que verse chaque agent de change en entrant en charge et par un droit de timbre, propre à la corporation, dont sont frappées toutes les valeurs à terme. Ce droit peut s'élever annuellement à 50.000 francs pour chaque charge. Le fonds commun sert à soutenir les agents qui traverseraient des moments difficiles ou à rembourser les clients pour le cas où l'un des agents ne ferait pas honneur à ses affaires.

Carrière périlleuse et fructueuse, voilà ce qu'on peut dire de la profession d'agent de change. Nous ne la mentionnons guère que pour être complet. Car, en raison de l'apport de fonds qu'elle nécessite, et du nombre limité des charges, elle constitue véritablement une carrière d'exception.

Ce qui est plus accessible, c'est un emploi dans une charge d'agent de change. Nul titre n'y est exigé et on l'obtient ordinairement par relations. Il suffit d'avoir fait, pour être un bon employé d'agent de change, de sérieuses études primaires supérieures ou de bonnes études secondaires.

Bien des jeunes gens qui se destinaient à des carrières plus relevées et qui sont entrés, avant vingt ans, chez un agent de change, n'ont eu qu'à s'en féliciter.

Promptitude et ponctualité, voilà ce qu'on demande à un employé d'agence de change. Nulle besogne ne pouvant se remettre au lendemain, la division du travail y est poussée jusqu'à ses dernières limites, et chaque employé refait chaque jour le travail qu'il a fait la veille. Il importe donc qu'il le fasse vite et sans la moindre erreur.

« Les divers services d'une charge d'agent de change sont bien tranchés : la caisse d'argent, la caisse des titres, les transferts des rentes et des valeurs, le contentieux, les services du comptant et des rentes, la comptabilité, la correspondance, enfin et surtout les bureaux du comptant et de la liquidation, qui absorbent à eux seuls presque la moitié de tous les employés de chaque charge. Ces deux derniers services exigent une aptitude particulière pour chiffrer; il y faut des esprits alertes, susceptibles de faire en toute hâte, pendant les deux heures qui suivent la fermeture de la Bourse, autant de calculs qu'on en pouvait faire posément pendant toutes les heures précédentes de la journée. »

Les agences de change sont réparties en bureaux qui comprennent des employés et des chefs de service. Les appointements des premiers sont en moyenne de 1.000 à 5.000 francs. Les chefs de service atteignent 6.000 francs. Les emplois de fondés de pouvoir, mieux rétribués, sont ordinairement réservés aux personnes associées ou intéressées dans la charge.

AGENTS D'AFFAIRES

Il est assez difficile d'apprécier cette profession, autant pour la variété des tâches qu'elle embrasse que pour celle des hommes qui l'exercent. Nous étudierons les unes et les autres.

Le rôle essentiel des agents d'affaires consiste à représenter les parties devant les Tribunaux de commerce, comme le font les agréés dont nous avons parlé. N'étant pas recommandés d'une façon officielle, les agents d'affaires passent pour être plus arrangeants au sujet des honoraires, prennent les affaires à forfait ou s'intéressent à l'affaire, de concert avec le client. Ils se chargent de préférence des petites affaires, pour lesquelles ils se mettent plus volontiers en course et en frais.

A leurs fonctions près les Tribunaux de commerce, l'initiative des agents d'affaires en ajoute bien d'autres.

Ils sont gérants et administrateurs d'immeubles, représentent les parties, avec une procuration, devant les justices de paix. Quelques-uns se font une spécialité des réclamations en fait de contributions directes devant les Conseils de préfecture, notamment celui de la Seine.

Le rôle des agents d'affaires s'étend à la gérance des fortunes mobilières, aux affaires de bourses et de recouvrement, à la rédaction des actes et des conventions sous seings privés qui dégagent les parties des frais et des formalités d'enregistrement. Les agents d'affaires peuvent tenir aussi les intérêts des parties auprès des avoués, des avocats et des notaires. En un mot, on peut les retrouver sur les domaines de l'avoué, de l'huissier, de l'agréé et de l'architecte, sans compter les affaires de contentieux, de recouvrement, de gérance et de petite finance dont ils se sont fait une spécialité. Ils s'occupent également de prêts hypothécaires, de vente de fonds de commerce. On les rencontre les premiers pour représenter les parties dans les concordats et les faillites. Ils sont intermédiaires dans les achats, les ventes. En fait, nulle affaire de droit, de finances, de contentieux, de commerce, ne leur reste étrangère.

Cette complexité et cette extension infinie de leur tâche nous empêche, par cela même, de porter un jugement sur la profession des agents d'affaires. Il existe assurément quelques cabinets bien réputés à Paris et dans les grandes villes, où les clients ont toute confiance. Mais le plus grand nombre est tenu par des individus tarés, notaires ou avoués révoqués, qui ne cherchent qu'à pêcher en eau trouble. Aussi a-t-on pour habitude le plus souvent de ne confier aux agents d'affaires que les affaires qui sont sacrifiées.

Étant donné le discrédit que la plupart des agents d'affaires ont jeté sur leur profession, on comprendra qu'elle ne soit pas de celles qui séduisent les jeunes gens et qu'ils choisissent, dès qu'ils sont en mesure de choisir.

Il y a, nous l'avons vu, parmi les agents d'affaires, un bon nombre d'avoués et de notaires qu'on a plus ou moins contraints d'abandonner leurs études; il y a aussi les anciens clercs d'huissier et de notaire qui comptent se faire une clientèle parmi les anciennes relations de l'étude. Il y a aussi et surtout les fils ou parents d'agents d'affaires qui reprennent le cabinet de leur ascendant : « Bon chien chasse de race ».

La cession des cabinets d'affaires se fait de gré à gré d'après le revenu moyen des dernières années. Mais il est évident que cette opération — la dernière de l'agent d'affaires qui se retire ! — ne manque ni d'aléa ni de danger. La clientèle de ces agents, si tant est qu'elle puisse exister, dépend évidemment du titulaire du cabinet. Elle est bien difficile à tenir par un successeur.

Les gains des agents d'affaires sont, on le comprend, aussi vagues et aussi variables que leurs occupations. Depuis l'agent rabatteur pour usuriers qui se fait annoncer par un simple avis à la quatrième page des quotidiens et qui, en risquant vingt fois par jour la correctionnelle, paie mal le loyer d'un logement noir au fond d'une cour, jusqu'à celui qui réussit à réaliser des opérations propres, il y a autant de degrés que de la franche escroquerie à l'honnêteté.

On peut considérer comme heureux dans ses affaires un agent qui gagne un millier de francs par mois. Il n'est pas impossible, malgré cela, qu'il soit d'honnêteté moyenne.

Nous ne voudrions ni conseiller, ni déconseiller aux jeunes gens une semblable profession. Nul doute qu'elle puisse être exercée honnêtement et être lucrative à la fois. C'est chose difficile pourtant, étant donnée la nature des af-

faires qui sont le plus souvent confiées aux agents et la facilité avec laquelle, par habitude et par métier, ils passent
d'une affaire litigieuse à une affaire douteuse, puis à une
affaire inavouable.

Le métier est donc difficile à tenir. Et si l'on n'y est doué
d'une robuste et atavique honnêteté, on risque bien vite
d'y discerner mal le bien du voisin de son bien propre.

Ces nombreuses réserves faites, ce n'est pas nous qui
détournerons les jeunes gens de cette profession. Elle
demande de l'initiative, de l'activité, des connaissances
techniques. Elle est de celles où l'homme, par ses propres
efforts, a le plus de chance de se faire une place au soleil.

C'est assez pour qu'elle doive vous intéresser, avocats
sans causes, médecins sans malades, architectes sans devis,
hommes de lettres sans talent, journalistes sans copie.

J'oublie pour vous rappeler au sentiment de votre radi-
cale impuissance, ceux-là mêmes qui diminuent par leurs
tares une profession intéressante, et je songe seulement
aux autres dont l'initiative audacieuse, quoique honnête.
et l'activité courageuse, quoique intéressée, vous donnent
un exemple de vie utile.

AGENTS D'ASSURANCES

Dans notre ouvrage sur les *Carrières administratives des jeunes gens*, nous avons parlé de l'organisation des grandes Compagnies d'assurances. Nous considérons, en effet, que les employés de leurs services intérieurs qui ont des heures de présence fixes à leur bureau, des appointements fixes, un service de retraites, organisé de différentes façons, mais organisé partout, sont plutôt des employés d'administration. Les inspecteurs de ces Compagnies, malgré l'activité et l'initiative que leur imposent leurs fonctions, ont aussi des traitements à peu près fixes.

Il n'en est pas de même des agents d'assurance qui sont les représentants des Compagnies dans les villes autres que celles de leur siège social et dont toute la situation relève de leur initiative.

Les Compagnies confèrent à ceux-ci une circonscription qui a plus ou moins d'étendue. Ils peuvent même avoir dans cette circonstance des sous-agents. Le rôle essentiel des agents d'assurances est de recruter des clients aux Compagnies dont ils dépendent. Ils doivent donc être doués d'une grande activité et de beaucoup de flair pour découvrir les affaires possibles. Il leur faut, pour les engager, l'habileté qui sait créer les relations communes avec le futur client, et la décision hardie qui leur fait engager l'affaire au moment opportun. Il leur faut aussi, surtout pour les portefeuilles importants, une grande connaissance des affaires d'assurances.

Les sous-agents peuvent être de petits rentiers, des retraités qui réalisent de petites affaires et, pour les grosses, demandent à la Compagnie l'appoint d'un inspecteur qui leur apportera son autorité et ses connaissances techniques. Les agents qui ont en main des portefeuilles importants sont, le plus souvent, d'anciens employés des administrations des Compagnies d'assurances.

Il y a plusieurs moyens d'entrer en possession d'un porfeuille d'agent d'assurances. Le premier et celui qui paraît le plus simple consiste à le créer. Les Compagnies qui ne demandent qu'à étendre et multiplier leurs moyens d'action sur le public ne refuseront jamais en effet, à une personne honorable et bien considérée dans le pays qu'elle habite, d'être le représentant officiel de l'une d'elles. Mais il est difficile de commencer avec rien. Et il faut des clients anciens pour appeler les nouveaux. Aussi le moyen le plus pratique de devenir agent d'assurances consiste-t-il à reprendre une charge déjà organisée, soit qu'on l'achète et qu'on la gère, avec l'agrément de la Compagnie, soit qu'elle vous y nomme directement.

Les Compagnies ne donnent pas d'appointements fixes aux agents d'assurances. Ils touchent, sur les affaires qu'ils font, des commissions qui sont, en moyenne, de 25 0/0 des primes versées par l'assuré pendant dix ans. Les polices d'assurances sont en effet contractées pour dix ans. Si l'assuré paraît solvable et sûr, la Compagnie verse la commission, une fois fait le versement de la première prime par l'assuré.

Les agents d'assurances touchent également une commission de 1 à 2 0/0 sur les encaissements.

Les agents d'assurances n'étant payés que d'après le chiffre de leurs affaires, la valeur des portefeuilles est excessivement variable. Il y a des portefeuilles qui rapportent 500 francs par an ; d'autres, 50.000 francs.

Cette situation convient à un jeune homme actif, sympathique et bien considéré dans le pays où il compte l'exercer.

COURTIERS D'ASSURANCES

Les occupations du courtier d'assurances ressemblent beaucoup à celles du courtier en publicité. Il lui faut la même activité, la même tenacité, la même connaissance des affaires qu'il traite.

Les courtiers d'assurances se divisent en trois branches, comme les affaires d'assurances elles-mêmes : assurance-vie, assurance-incendie, assurance-accident.

La connaissance des affaires pour le courtier en assurance-vie consiste à indiquer à son client la meilleure forme d'assurances, suivant sa situation, son âge, ses charges de famille. Le courtier d'assurance-incendie doit apprécier exactement les risques qu'il a à défendre et les assurer autant que contre le feu, contre les clauses restrictives des Compagnies.

Cette connaissance du métier n'est rien assurément sans l'habileté si rare de savoir enlever une affaire, autant par la persévérance que par la bonne humeur. Tout le monde peut se mettre courtier, et bien peu y réussissent, car bien peu possèdent les qualités nécessaires à cette profession.

C'est ce qui explique que certains courtiers gagnent 100.000 francs par an, tandis qu'un trop grand nombre ne fait que végéter.

Les commissions faites par les compagnies aux courtiers sont les mêmes que celles faites aux agents (voir le chapitre précédent).

La situation de courtier en assurances n'est pas réglementée par la loi, sauf celle de courtier en assurances maritimes. Le courtier en assurances maritimes rédige les contrats de polices d'assurances, concurremment avec les notaires. Il en atteste la vérité par sa signature et certifie les taux des primes pour tous les voyages de mer ou de rivière.

Les courtiers en assurances maritimes sont commis par décret et peuvent présenter leur successeur à l'agrément du Gouvernement.

Il est évident qu'on ne peut prendre sans s'y préparer une charge de courtier maritime. Il faut apprendre préalablement dans un bureau de courtier la pratique des affaires.

Pour pouvoir acheter une charge de courtier d'assurances maritimes il faut être Français et n'avoir pas moins de vingt-cinq ans. Le cautionnement à verser par les courtiers est de 15.000 francs. Une charge s'achète de 100.000 à 200.000 francs.

LES COURTIERS EN PUBLICITÉ

Le lecteur qui, chaque jour, d'un œil distrait parcourt les annonces de la quatrième page ou même de la première page de son journal, ne se doute guère qu'elles font l'objet d'une profession lucrative parfois, pénible toujours, et qui est digne, assurément, de tenter des jeunes hommes actifs, intelligents et d'une persévérance capable d'aller jusqu'à la tenacité.

Ce ne sont point, en effet, les commerçants ou les industriels qui vont porter eux-mêmes aux journaux leurs annonces de publicité. Ils les confient à des intermédiaires qui se chargent eux-mêmes de l'affaire auprès de l'administration du journal. Voici les différentes raisons d'être de ces intermédiaires.

Tout d'abord les négociants sont peu disposés à payer de la publicité. Elle coûte cher et, s'ils sont certains de la payer, ils le sont moins d'en retirer des bénéfices. Il est donc nécessaire que le courtier vienne les solliciter à domicile pour obtenir d'eux qu'ils inscrivent la dépense de publicité dans leurs frais généraux.

D'autre part, nul n'est universel. Et tel commerçant qui connaît bien sa clientèle réelle, qui prévoit sa clientèle possible, ignore quel journal portera le mieux sur cette clientèle. C'est le rôle du courtier de chercher, de trouver le journal qui conviendra le mieux à son genre de publicité.

Enfin l'organisation d'une publicité pour un commerçant ou un industriel implique des démarches qui exigent une certaine habileté technique. S'agit-il d'un article, d'un filet même, il faut se concerter sur les termes qui attireront le mieux la clientèle. C'est une tâche difficile et délicate que la rédaction de cette sorte de prose. Il faut à la fois qu'elle retienne l'attention et qu'elle n'ait pas l'apparence d'une réclame. C'est le rôle du courtier de donner à l'annonce ces qualités. S'agit-il d'un cliché? Il faut le commander à la clicherie. Et c'est encore le courtier qui, mieux que le commerçant, se chargera de cette commission.

De ces raisons d'être du courtier en publicité, se dégagent les qualités qu'il doit posséder.

De la tenacité d'abord. Car le commerçant auquel on propose une affaire de publicité commence tout d'abord par la refuser, et le courtier doit s'estimer tout d'abord très heureux si son interlocuteur commence à discuter. L'affaire ne se traite pas dès la première visite du courtier ni la seconde, ni la troisième. Qu'importe? Il devra revenir. C'est peut-être après dix visites, pendant lesquelles, au milieu de menus propos, il aura su se faire écouter et revenir à son affaire, qu'il réussira.

On devine que cette tenacité doit être aidée d'une tenue parfaite, d'une grande correction de manières et d'une excellente éducation.

A côté de la ténacité, il faut au courtier en publicité une *solide instruction* qui lui permette de causer de toutes choses, de s'intéresser à toutes les publications où il sera susceptible de faire de la publicité et surtout de rédiger, sans intermédiaire, les articles de publicité. Comme l'architecte qui, en trois coups de crayon, dresse devant son client l'image de la future maison, le courtier en publicité doit en trois traits faire sentir à son client possible la portée de l'annonce à faire. Il ne s'agit pas pour lui d'être un lettré, mais un homme qui sache écrire en français et dont l'esprit suffisamment vif et intuitif comprenne immédiatement ce qu'il faut dire de la chose à vendre pour la mettre en valeur.

Il faut, enfin, au courtier en publicité *certaines avances*. D'abord les clients ne viendront pas tout de suite. Et il peut considérer comme à peu près sacrifiée, sa première année de travail. En outre, il importe, pour qu'il fasse vite des affaires, qu'il n'embarrasse pas ses clients de demandes d'argent immédiates et qu'il règle lui-même au journal les frais de la publicité qu'il a pu obtenir. C'est chaque trimestre, chaque semestre qu'il fera ses comptes avec les clients.

Ainsi comprise, la profession de courtier en publicité peut être intéressante, d'autant plus que, si les courtiers augmentent en nombre, les frais de publicité que s'imposent les maisons de commerce augmentent eux aussi chaque jour avec la concurrence et la nécessité de frapper les clients pour les attirer.

La profession nécessite d'ailleurs un certain apprentissage. Le futur courtier devra d'abord s'initier à la pratique des affaires dans quelque forte maison de publicité, où chaque jour il lui sera donné une liste de clients à visiter. Ce n'est qu'au bout de trois ou quatre ans qu'il pourra s'installer à son compte quand il se sera fait un commencement de portefeuille et surtout un bon nombre de relations. Il importe, en effet, qu'une fois établi, le courtier en publicité puisse immédiatement faire porter ses efforts sinon sur des clients, du moins sur des commerçants qui soient prêts à le recevoir.

L'exercice de la profession n'exige pas de grands frais d'établissement. Il en exige cependant. Il faut au courtier qui veut réussir un bureau convenable où il pourra recevoir ses clients, et au moins un petit scribe qui pourra le suppléer pendant la journée.

Un courtier en publicité touche pour son bénéfice de 20 à 30 0/0 du prix de la publicité qu'il apporte au journal. Il faut reconnaître, d'autre part, que si la publicité est forte, il rend à son client la moitié de son bénéfice, en sous-main. On conçoit, dès lors, qu'en ramenant à 15 0/0 en moyenne le bénéfice qu'un courtier retire de la publicité qu'il apporte aux journaux, il ne lui est pas impossible de gagner un millier de francs par mois.

Voici donc encore une profession d'activité et d'énergie, pour les jeunes gens. Elle peut, du reste, être renforcée d'autres occupations de courtage ou d'affaires. Mais n'oublions pas les qualités qu'elle réclame. De la tenacité, de l'éducation, de l'instruction et une petite aisance. N'oublions pas non plus qu'elle ne peut être exercée qu'à Paris ou dans les très grandes villes. Car dans celles qui ne dépassent pas 100.000 âmes, la publicité se fait par relations ou même est recueillie directement par les journaux.

En dehors des qualités et des moyens que nous venons d'énumérer, le courtier en publicité ne peut être qu'un miséreux, d'existence problématique. — Ce n'est pas, en effet, en mendiant une annonce de 5 francs d'un côté et d'un autre qu'il est possible de vivre. Intéressante, si on la

pratique sérieusement, la profession de courtier en publicité n'est que le plus cruel des leurres si on la pratique
sans avance et par à-coup.

La profession de courtier en publicité ne peut guère être
qu'une profession d'à côté que l'on cumulerait avec une
autre, une situation administrative par exemple. Elle exige,
en effet, une activité de tous les instants, la possibilité
d'être toujours à la disposition des clients et d'en voir le
plus possible.

Le courtier en publicité doit sortir de bonne heure, voir
le plus de monde possible, le matin; puis entre deux et
quatre heures. Après cette heure, les commerçants s'occupent de leur courrier et ne reçoivent guère, surtout les
solliciteurs. Le soir, le courtier doit lui-même ranger ses
affaires et veiller à sa correspondance. Douze heures par
jour ne lui sont pas de trop, s'il veut réussir.

D'origine moderne, réclamant une initiative et une énergie tout américaines, la profession de courtier en publicité
est de celles qui sont au cœur même des affaires. Elle vaut
la peine qu'on la recommande aux jeunes Français.

TITRE V

LA LITTÉRATURE

TITRE V

LA LITTÉRATURE

HOMME DE LETTRES

On appelait jadis hommes de lettres des personnes dont la profession exclusive était d'écrire des livres, de préférence des romans, ou des pièces de théâtre. Mais cette catégorie sociale tend à disparaître. La littérature ne nourrit plus son homme. C'est à peine si elle le fait végéter, quand elle ne le laisse pas mourir de faim.

Les deux causes de cette décadence sont, à notre avis, l'indifférence du public moderne pour le livre et la surproduction. On a tout dit sur les exigences de la vie moderne qui ne permet plus les heures tranquilles occupées à feuil-

Jeter un livre, sur les distractions faites d'activité et de mouvement. Au contraire, on ne remarque pas assez la surproduction et les jeunes auteurs fascinés par la couverture de leur livre qui s'étale à la devanture des libraires ne s'aperçoivent peut-être pas suffisamment qu'il est environné d'une foule d'autres. Encore est-il rapidement submergé par le flot. Ce n'est guère plus d'une huitaine qu'il tiendra la vitrine.

Pour rechercher la carrière des lettres, il ne doit donc plus se rencontrer que des jeunes gens pourvus de bonnes rentes ou des fonctionnaires de goûts modestes qui peuvent risquer sans de trop graves déboires cette façon d'occuper leurs loisirs, si par hasard ils en ont.

Cette réserve faite, étudions le mécanisme de la profession.

Pour publier un livre, un auteur doit se mettre en relations avec l'éditeur qu'il ne faut pas confondre avec le libraire.

Les règles suivant lesquelles se fait la publication peuvent être l'objet d'un traité, passé sur papier timbré.

Si l'ouvrage est absolument spécial et apparaît au premier abord comme étant de vente difficile, l'auteur paie le prix de l'édition, et touche le montant de la vente des volumes ou tant pour cent sur ce montant.

Il se peut aussi que l'éditeur demande à l'auteur une rémunération proportionnelle au nombre de volumes tirés. Il se peut encore que l'éditeur publie le livre à son compte, sans que l'auteur ait à réclamer de droits sur les exemplaires vendus. D'autres fois l'éditeur achète ferme le manuscrit pour une certaine somme. Ce sont là conditions à débattre.

Mais dans la plupart des cas, l'éditeur publie le livre à ses frais en laissant à l'auteur un droit, par exemplaire vendu, qui varie entre le huitième et le dixième du prix fort; éditeur et auteur sont ainsi intéressés à la vente du volume par les libraires.

Un facteur important dans la vente d'un livre, c'est la publicité qui est faite autour de ce livre. Sans doute elle incombe à l'éditeur; mais il est impossible que l'auteur s'en désintéresse; il doit « suivre » son œuvre, s'ingénier à trouver les critiques, les journalistes qu'elle peut intéresser, de façon à faire parler d'elle dans les journaux et les revues. L'illusion des auteurs consiste à croire, en effet, que le public s'arrêtera complaisamment sur leur livre comme ils s'y arrêtent eux-mêmes et que le titre seul attirera l'attention. Il n'en est rien, hélas! Si un courant de curiosité n'est pas créé autour du livre, autant par les soins de l'éditeur que celui de l'auteur, le livre ne se vend pas. On « truque » un succès de librairie, comme on truque les diamants ou les perles, et la réclame qui lance l'indispensable pastille pour calmer la toux ou le macaroni fortifiant est encore celle qui porte un livre sur le pavoi de la dixième édition.

Quoi qu'il en soit, sur 50 livres qui paraissent, il en est plus de 40 dont on ne vend pas 1.000 exemplaires; 6 ou 7 autres atteignent péniblement 2.000. Le reste, soit 3 ou 4, les dépasse. Nous voyons, par suite, le gain qui revient aux hommes de lettres. Il y a quatre chances sur cinq, par exemple, qu'un volume à 3 fr. 50, de 300 à 400 pages, ne rapporte pas 400 francs à son auteur, une chance sur dix qu'il rapporte un bénéfice dépassant 400 francs, une chance sur 20, enfin, qu'il nourrisse son auteur en lui rapportant quelques milliers de francs. Ce sont là des chiffres à retenir.

.*.

Voilà pour le livre ; passons au théâtre.

L'homme de lettres qui veut aborder le feu de la rampe et qui rêve d'entendre marteler sur les planches les périodes qu'il a laborieusement conçues dans le silence du cabinet s'expose encore à plus de déboires. Déjà les éditeurs se font peu abordables aux inconnus et leur porte ne s'entr'ouvre qu'aux jeunes gens que des relations ont mis en rapport avec eux. Mais, pour ce qui est des directeurs de théâtre, il faut leur être recommandé, les connaître, les fréquenter ; et c'est déjà un succès de s'arranger de telle façon qu'ils jettent un regard sur le manuscrit dont on rêve et qu'ils daignent parfois, en proposant des remaniements, donner une recommandation pour la maison d'en face.

Le jeune auteur jetant timidement son manuscrit dans la boîte aux lettres du théâtre et se voyant joué quelque temps après, c'est maintenant une pure légende.

Jeter un manuscrit dans la boîte aux lettres d'un théâtre, c'est courir autant de risque de ne plus le revoir que si on l'avait jeté au fond de l'océan.

L'acceptation d'un manuscrit par un directeur de théâtre est chose d'autant plus difficile que celui-ci risque plus d'argent à monter sa pièce. Les jeunes auteurs ne peuvent donc guère essayer de se faire connaître que par le *lever de rideau*, un petit acte sans mise en scène, pour les banquettes, et qui leur vaut 5 francs par soirée. Les pièces en trois ou cinq actes valent à leurs auteurs des droits qui varient entre 5 et 10 0/0 de la recette brute.

Telle est, dans ses grands traits, la profession d'homme de lettres. Les jeunes gens sans fortune qui s'y adonneraient exclusivement ont cent fois plus de chance d'y gagner l'hôpital que la gloire. Pour les riches c'est un passe-temps qui ne manque ni d'agrément ni d'égoïsme. Pour ceux qui écrivent à leurs moments perdus, c'est bien l'une des moins lucratives professions dites « à côté » qu'ils ont choisies.

———

LE JOURNALISME

De nos jours, on peut terminer, embellir, glorifier même une carrière par le journalisme. On ne doit pas entrer dans la vie par la porte des salles de rédaction.

Ce jugement d'ordre général et même d'allure paradoxale s'appuie pourtant sur des raisons fort simples.

Le journalisme est assurément de toutes les professions celle qui est la plus épuisante, au sens propre du mot, c'est-à-dire celle qui demande à l'homme qui l'exerce le plus de pensées, le plus de sentiments, le plus de nerfs, le plus d'efforts. Produire, une fois, deux fois, trois fois par semaine un article de 100 à 150 lignes sur des faits d'actualité, c'est, malgré les apparences, une tâche fort lourde et qui exige de l'écrivain autant d'érudition que d'expérience. Les jeunes étudiants qui ont la plume facile ne croient guère à cette difficulté.

Il leur semble que la difficulté ne doit pas être très

grande et ce doit être, à leur avis, un passe-temps plutôt qu'un travail que de disserter et de faire de l'esprit, au besoin, sur les gens et les choses. Qu'ils se détrompent. La course à l'esprit est de celles qui essoufflent le mieux leur homme et sont les plus aptes à le mettre hors d'haleine.

Le défaut le plus courant du journaliste, même du plus coté, c'est qu'il se renouvelle peu, autant pour le style que pour les idées, c'est qu'il se laisse reconnaître dès les premières lignes de son article, c'est qu'à lire sa première phrase on devine toutes celles qui suivent. Or le public est difficile. Il lui faut, en ouvrant, chaque jour, sa gazette, éprouver le sentiment de la variété. Ce sont seulement les hommes mûrs, les vétérans mêmes qui, par la multitude des connaissances et des souvenirs, peuvent lui fournir cette impression de variété.

Que si nos jeunes littérateurs, étudiants en droit ou en lettres, ou littérateurs tout simplement, si l'on peut dire, ne croyaient ni à la difficulté de se renouveler, ni à la nécessité de beaucoup savoir pour faire du journalisme, nous leur demanderions alors de prendre contact avec les salles ou les secrétaires de rédaction. Ils sentiraient alors toute la difficulté de placer, de se faire payer, même à des prix dérisoires, «la copie», et ils s'apercevraient peut-être que le journalisme ne doit pas être la profession d'un jeune homme de vingt ans, ni même de vingt-cinq ans.

Cet effort de deux pages que nous venons de faire pour détourner du journalisme les barbes naissantes et les longs cheveux plats de nos jeunes penseurs n'est pas sans but. Combien, en effet, se voient grisés par un article, un filet, quelquefois, qu'ils ont pu faire passer dans un journal de province, voire de Paris! Et qu'ils la trouvent belle leur prose adornée d'un pseudonyme à effet ou de leur nom, quand ils la voient transformée par la typographie.

La famille s'extasie, s'étonne vraiment — les familles s'étonnent toujours — d'une telle précocité.

Les amis admirent de confiance. Tout le monde en chœur prédit le bel avenir au jeune débutant qui a le talent et la bonne fortune de confier le fin du fin de sa pensée à ses concitoyens.

Il faut voir à trente ans, la suite du succès !

Les plus malheureux parmi les débutants sont ceux qui, dès leurs premiers articles, ont la chance d'être rémunérés, si peu que ce soit. Car ceux-là entrevoient la profession possible. Comme elle paraît agréable, comme elle flatte leur amour-propre, quelques-uns poursuivent et perdent des années de jeunesse à se chercher des appuis, à courir des salles de rédaction, jusqu'à ce qu'un beau jour ils s'aperçoivent que les vraies places sont prises, qu'une réserve attend pour remplir celles qui peuvent devenir vacantes, et que, d'un bon nombre d'articles juvéniles, disséminés ici et là, il ne leur reste rien : ni un sou vaillant, ni une illusion.

Alors, si ces désillusionnés sont courageux, ils cherchent un métier, une profession stable ; ils se mettent à travailler utilement pour eux qui ont besoin de vivre et pour les autres qui n'ont pas besoin de leur prose, mais d'une habileté technique. C'est par là qu'ils auraient dû commencer.

Les bons emplois du journalisme parisien sont tenus, tant en littérature qu'en politique, par des gens notoires et que d'autres œuvres que le journalisme a rendus notoires. Voulez-vous confier, jeunes gens, vos idées sur l'art, la littérature, à vos contemporains, imposez-leur d'abord une collection de livres à succès ! Sur la politique, soyez de ceux qui sont au premier plan dans la gestion des affaires du pays. Autrement, vous n'intéressez personne.

Ouvrez, du reste, un journal et voyez par qui sont remplis les premiers rôles. Vous y reconnaîtrez des hommes qui ont déjà un bagage littéraire ou une besogne politique à leur actif.

Les premiers rôles sont, d'ailleurs, bien payés. Et l'on comprend qu'ils éveillent et excitent tant de jeunes ambitieux. Dans les grands journaux parisiens et les journaux de province à fort tirage, un article de tête se paie de 100 à 200 francs. C'est un minimum. Il n'est pas rare qu'un écrivain notoire puisse traiter pour une série à 300, 400 et même 500 francs l'article. Ces cas sont rares pourtant, et les articles importants d'un grand quotidien se paient en moyenne 150 francs.

.·.

Nous venons d'envisager la forme du journalisme qui est la plus connue, celle qui est enviée de nos jeunes écrivains, celle où le professionnel donne son article à jour fixe, sans s'inquiéter de la fabrication du journal. Et nous avons montré à qui pouvait échoir la notoriété du Premier-Paris ou de l'article de tête.

Il est vrai qu'à ces situations d'exception ne se bornent pas toutes les tâches du journalisme. A côté des premiers rôles, se trouvent les moindres écrivains qui, payés au mois, font ce qu'on appelle la « cuisine » des journaux : échotiers, rédacteurs de faits divers, etc. Ceux-là ont des situations plus stables en même temps que des fonctions plus régulières. Ils peuvent gagner de 200 à 800 francs par mois, et nulle notoriété ne leur est demandée. C'est le hasard, c'est la recommandation qui peut procurer, vers la vingt-cinquième, année de semblables situations à des licenciés en droit, ès lettres ou à de jeunes écrivains qui ont eu l'habileté de se faire connaître, par quelques travaux, des directeurs de journaux et des salles de rédaction.

Au nombre de ces situations, se trouve celle de secrétaire de rédaction d'un journal ou d'une revue. Elle est plus importante, puisque c'est ordinairement le secrétaire de rédaction qui fait le journal, choisit ou élimine certains articles, détermine la mise en page.

Question de chance ou d'habileté, que d'obtenir de semblables fonctions pour lesquelles les qualités professionnelles et avant tout le sentiment de ce qu'il faut au public sont surtout réclamées.

Dans une revue, un secrétaire de rédaction est presque toujours un écrivain; dans un quotidien, c'est un homme du métier.

Parmi les employés attitrés d'un journal, se trouve le reporter qui, photographe autant qu'écrivain, doit être à l'affût de tous les faits sensationnels.

Il y a le petit reporter qui court d'un incendie à un déraillement d'omnibus, le reporter de « chiens écrasés », comme on dit, et le reporter qui fait le tour du monde.

La situation de reporter, étant données les exigences de l'information moderne, ne fera que s'accroître. Mais, là encore, les hauts emplois sont rares. Et le reporter moyen qui trotte du matin au soir et revient vers quatre heures à son journal, harassé et fourbus pour y classer ses informations ne dépasse guère 500 francs par mois.

On ne peut guère faire entrer dans le journalisme celui des *revues*. Les articles des revues, mûris dans le silence du cabinet, sont le; plus souvent rédigés par des écrivains qu'effrayerait la fièvre du journalisme quotidien. Une *revue* ne peut pas être d'ailleurs une source régulière de revenu, pour un auteur; car le propre de ce genre de publications, c'est de rechercher la variété, c'est de se transformer sans relâche. Et le même nom ne doit pas reparaître souvent dans les mêmes colonnes. Il n'y a, du reste, pas grande perte pour les auteurs, la plupart des revues ne payant pas la copie. Celles qui se risquent à la payer font osciller leur munificence entre 4 francs et 20 francs la page.

***

Telle est, à grands traits, la profession du journalisme. Nous la résumerions volontiers en quelques mots : *Misère ou médiocrité; grandeur et décadence.*

Misère pour beaucoup de jeunes gens qui ont donné l'essor à leurs rêves en se voyant imprimés, dès vingt ans, dans les journaux de leur ville natale ou dans quelques feuilles nouvelles et accueillantes.

Médiocrité pour ceux qui, par delà leurs premiers essais, se sont aperçus que le journalisme ne faisait vivre son homme que par un quotidien et pénible labeur d'employé et que les échos, les faits divers, le reportage, besogne payée au mois, avait seule une valeur marchande.

Grandeur et décadence pour beaucoup de ceux qui, s'élevant un peu plus haut, ont atteint les tâches de secrétaire de rédaction ou de chroniqueur. Rien n'est moins stable, en effet, que la situation de journaliste. Tel journal qui a maintenant du succès tombera l'année prochaine; on sera obligé de se transformer. Alors des révolutions de palais s'y feront. Toute une rédaction devra faire la place à une autre. Et ceux qui, hier encore, touchaient 1.000 francs par mois sont sans une assurance pour le lendemain, sans la plus mince économie.

Existence qui a son charme pour les tempéraments d'aventure, mais qui a bien vite raison de ceux qui la mènent. A cinquante ans, la plupart des journalistes de métier sont fourbus, usés, remplacés par d'autres. Ils disparaissent et mènent, dans la pauvreté et l'oubli, une fin de vie problématique. Pour résister jusqu'au bout dans le journalisme, il faut posséder autant de souplesse que de ténacité et d'endurance physique.

Nous terminerons donc par où nous avons commencé, en disant aux jeunes gens : Ne débutez pas dans le journalisme. Faites du droit, des lettres, des sciences, de la politique, de la littérature. Et quand vous serez *arrivé*, quand vous serez *quelqu'un*, il sera temps de placer à bon compte votre copie dans des feuilles qui seront heureuses de l'accueillir.

TITRE VI

LES BEAUX-ARTS

TITRE VI

LES BEAUX-ARTS

ARCHITECTES

Un jeune homme a une quinzaine d'années. Il sort de l'école primaire supérieure où il a fait de bonnes études ou du premier cycle de l'enseignement secondaire. Les études de dessins l'attirent. Il s'est rangé parmi les bons élèves des cours de dessin linéaire et d'imitation. Souvent même, le professeur de lettres, et celui de sciences l'ont surpris, crayonnant les croquis auxquels l'entraînaient malgré lui sa main habile et sa jeune imagination. Les parents font bien un peu les gros yeux mais, dans le fond, sont fiers de leur jeune talent. S'il « fait ressemblant » le portrait de la grand'mère, sa cause est gagnée ; c'est un futur artiste qui se prépare.

Choisit-il l'architecture, il y a bien des chances pour que le jeune homme entre tout d'abord à l'École nationale ou régionale des Beaux-Arts de sa ville natale. Elle ne doit, du reste, marquer qu'une courte étape dans le chemin de son rêve. Et vers l'âge de dix-huit ans, c'est à l'École des Beaux-Arts de la rue Bonaparte qu'entre le futur architecte, s'il a subi avec succès le concours d'entrée.

Ce premier concours ne manque pas de difficultés, tant à cause de la variété des épreuves que de la difficulté technique qu'elles présentent déjà. Il comprend en effet, outre une composition d'architecture, exécutée en loge en douze heures, le dessin d'une tête ou d'un ornement d'après le plâtre, exécuté en huit heures, le modelage d'un ornement ou d'un bas-relief en plâtre, un examen d'arithmétique, d'algèbre et de géométrie élémentaire, un examen de géométrie descriptive, une épreuve d'histoire.

Comme il est loin d'être arrivé pourtant, celui qui, vers la dix-huitième année, voit s'ouvrir devant lui, dans le resserrement de la rue Bonaparte, la grande porte de l'École nationale et spéciale des Beaux-Arts. D'abord, s'il n'est pas boursier de sa ville natale ou de son département, il se trouve dans l'obligation de s'entretenir à ses frais, pendant six années au moins. Ce n'est que dans les trois dernières années, au plus tôt, que le jeune architecte pourra subvenir à ses besoins en travaillant chez des patrons arrivés, en faisant *la place,* comme on dit à l'école. Il lui sera possible en effet, dans des ateliers où la besogne ne fait pas défaut, d'acquérir la pratique de son métier en gagnant de 1 franc à 2 fr. 50 par heure.

Outre l'obligation de s'entretenir, il en est une, plus stricte encore, qui s'impose au jeune architecte, s'il veut réussir : c'est l'obligation de ne pas poser à l'artiste et d'éviter les milieux dissipés où de jeunes éphèbes à longs cheveux remplacent toute préoccupation sérieuse par de larges chapeaux, des pantalons bouffants et des capes espagnoles. Par le caractère même de ses travaux. l'élève des Beaux-Arts est exposé sinon à l'outrance et à une vie peu réglée, du moins à perdre de vue les véritables efforts qu'il doit faire pour apprendre son métier et à remplacer ces efforts par de vagues intuitions, des travaux faciles, des élans de génie, comme croient quelques-uns, qui mènent plus souvent leur homme à la misère qu'à la gloire.

L'enseignement de l'École des Beaux-Arts ne présente pas le caractère méthodique des autres enseignements, celui de l'École de Médecine ou celui de l'Ecole de droit par exemple. Les cours ne sont pas obligatoires. Ils ne préparent pas directement aux concours de l'École. Et c'est surtout dans les différents ateliers, dirigés par les professeurs de l'École, que se donne le véritable enseignement. Les élèves, répartis en ateliers, louent un local par atelier en dehors de l'École. Dans ces ateliers, ils sont chez eux. les fréquentent aux heures qui leur plaisent, L'administration de l'atelier incombe au *massier* qui est choisi par ses camarades, parmi les élèves les plus méritants et les plus anciens de l'atelier.

Cette liberté dans le travail qui est laissée à l'élève des Beaux-Arts est augmentée encore par le caractère des sanctions de l'École. Elles consistent en concours qui sont proposés, non *imposés*, aux élèves et qu'ils choisissent à leur gré.

Ainsi, pour passer de la 2ᵉ à la 1ʳᵉ classe, les élèves architectes auxquels nous revenons doivent avoir été classés six fois dans les concours d'architecture, c'est-à-dire avoir obtenu

six valeurs; ils doivent, en outre, avoir obtenu une mé-
dàille ou une mention de dessin d'ornement, de figure
dessinée, d'ornement modelé. Le seul examen proprement
dit porte sur les mathématiques, la géométrie descriptive,
la stéréomie.

C'est, du reste, la pierre d'achoppement de presque tous
ceux des jeunes artistes qui ne passent pas de la 2e à la
1re classe. Ce qui est une preuve de la difficulté
qu'ils éprouvent à s'imposer une besogne régulière, comme
la préparation d'un programme.

De même dans la première classe, les élèves doivent
obtenir dix valeurs dans des concours dont les plus fameux
sont le concours du grand-prix de Rome d'architecture, le
Rougevin ou le *Godebœuf*, ainsi appelés du nom de leurs
fondateurs. Nombreux sont ceux qui n'obtiennent pas la
valeur tant recherchée, et qui sont obligés pour faire leurs
preuves, d'attendre un autre concours.

C'est seulement après l'obtention de ces dix valeurs que
les élèves peuvent subir l'examen à la suite duquel est conféré
le diplôme d'architecte. Cet examen comprend une partie
écrite, une partie graphique et une partie orale. On peut
le subir à n'importe quel âge; mais il n'en est pas de
même des valeurs qui doivent être obtenues avant la trentième année.

Pour obtenir une *valeur*, il n'est pas nécessaire d'être
classé premier dans un concours. Il faut seulement avoir
fourni un travail qui mérite d'être classé. Au contraire,
pour obtenir la dispense partielle du service militaire,
c'est-à-dire n'être pas rappelé à vingt-sept ans pour deux
années de service, il faut avoir obtenu une médaille, c'est-à-
dire avoir été classé premier dans un concours. On voit
par là, combien est aléatoire l'obtention de la dispense à
l'École des Beaux-Arts; et, bien que les professeurs mettent

de la bonne volonté à décerner une médaille de «sauvetage» aux élèves qui sont à la limite, il en est aux Beaux-Arts, plus que partout ailleurs, qui s'en retournent à la caserne, vers leur vingt-huitième année, contraints de fortifier leurs rêves d'artistes par des marches militaires et des pensées guerrières.

Si nous nous sommes aussi longuement étendus sur la vie de l'étudiant et du jeune architecte en particulier, à l'École des Beaux-Aits, c'est pour persuader aux jeunes gens qu'elle ne doit pas être une vie d'amateur et que rien n'est plus difficile à réaliser qu'une carrière artistique.

Notre architecte que nous avons laissé avec ses seize valeurs sa médaille et son diplôme d'architecte, est bien loin, en effet, après six ou sept ans d'études, d'avoir sa situation. Comme à l'avocat, comme au médecin, il lui faut une clientèle.

Il n'y a guère de chance d'y arriver, s'il n'est aidé dans ses débuts par de nombreuses relations et suitout par un *patron* qui le mettra en vue et lui fournira d'abord des travaux de moindie importance dont il ne voudrait pas se charger lui-même. Les jeunes architectes doivent donc compter encore, entre l'obtention du diplôme et leur établissement définitif, sur une période de quatre ou cinq années, pendant laquelle ils se mettront dans le monde, feront quelques travaux personnels, et se soutiendront en travaillant chez des architectes arrivés.

S'ils sont plus riches, nos diplômés pourront alors se mettre en quête d'un cabinet d'architecte. En général, ce n'est pas une mauvaise affaire pour un jeune homme actif et qui saura profiter de relations certaines pour s'en créer d'autres. Les cabinets d'architecte qui peuvent se transmettre sont surtout des cabinets d'affaires, alimentés par des réparations, des gérances d'immeubles et qui contiennent l'historique des immeubles qui leur sont confiés. On conçoit dès lors qu'il est assez difficile, pour des questions de gérance et d'entretien d'immeubles de passer d'un architecte à un autre.

Les cabinets d'architecte qui ne sont pas des cabinets d'affaires ne se transmettent pas. Ils disparaissent avec celui qui les a créés. Le jeune architecte qui serait hanté par des ambitions d'art pur et qui s'éloignerait dédaigneusement de la construction des maisons de rapport ne peut donc que compter sur soi-même.

En ce cas, nombreuses seront les qualités qui lui sont nécessaires. Outre une connaissance approfondie de son métier, que doit posséder tout architecte, même l'architecte d'affaires, celui qui prétend plus particulièrement à l'art doit être un lettré, un érudit et un observateur de la société. Dans l'élaboration de ses œuvres, l'image des œuvres analogues devra lui revenir à la mémoire. Qu'il se remémore de telles images pour les oublier aussitôt ou pour les mêler à ses propres représentations personnelles, peu importe. Il doit les posséder néanmoins pour en faire des constructions propres.

L'architecte d'art doit aussi être un homme de son temps qui connaît et prévoit tous les besoins nouveaux engendrés par le progrès des sociétés. Soit qu'il construise une bourse du travail, un temple, un monument funéraire ou une gare, il ne possédera jamais une science trop générale.

Ceci nous amène à regretter que la plupart des futurs architectes croient devoir terminer leurs études générales après la quinzième année. Ce n'est, au contraire, qu'après de fortes humanités qu'ils devraient aborder l'étude spéciale de leur art. Il n'y a pas d'imagination opportune qui ne soit nourrie substantiellement d'images et de souvenirs.

Les architectes touchent des honoraires qui sont les

5 centièmes des travaux qu'ils ont conçus et que les entrepreneurs ont exécutés sous leur direction. Ces honoraires se décomposent de la façon suivante :

```
Confection des plans et devis.......   1 et 1/2 0/0
Conduite des travaux........  ......   1 et 1/2 0/0
Vérification et règlement des mémoires  2 0/0
```

Il nous faut dire encore que le diplôme de l'École nationale et spéciale des Beaux-Arts de Paris n'est pas nécessaire pour qu'on puisse exercer la profession d'architecte.

Ainsi depuis cette année les Écoles régionales des Beaux-Arts établies à Rennes, Rouen, Montpellier, Nancy, Tours, Clermond-Ferrand, Amiens, Angers et Poitiers, après un cours d'études analogue à celui de l'École de Paris, pourront délivrer le diplôme d'architecte.

Cette décentralisation empêchera sans doute un bon nombre de jeunes gens d'affluer à Paris et d'en revenir sans titre ou talent. Mais elle ne diminuera pas le nombre des architectes.

Or il y en a plus de 4.000 en France. C'est beaucoup plus qu'il n'en faut, et nous conseillerons vivement aux jeunes gens qui n'ont pas une situation à reprendre ou des dispositions exceptionnelles de ne point s'engager dans cette profession.

* *
*

Ce qui ne contribue pas à désencombrer la profession, c'est que tout le monde peut prendre le titre d'architecte et que beaucoup de gens ne s'en font pas faute.

Les agents voyers, les conducteurs des ponts et chaussées, les élèves sortant des écoles des arts, et métiers, qui ont fait des études techniques sur des matières approchant de la construction, prennent souvent le titre d'architectes et se chargent volontiers des constructions'des communes ou des particuliers.

Des entrepreneurs, ayant construit sous la direction d'architectes diplômés ou qualifiés, des édifices importants, prennent également le titre d'architectes.

Des gens, qui n'ont fait d'ailleurs aucun travail, aucune œuvre leur donnant droit à ce titre d'architecte, prennent cette qualité.

Le public n'est défendu contre tant d'incapacités possibles que par l'article 1792 du Code civil qui dit : « Si l'édifice construit à prix fait, périt en tout ou en partie par le vice de la construction et même par le vice du sol, les architectes et entrepreneurs en sont responsables pendant dix ans. »

...Mais c'est assez d'avoir mis les jeunes gens en garde contre la profession d'architecte. Ne prévenons pas le public contre les architectes, même non titrés.

On fait ce qu'on peut, dit le proverbe.

LES ARTISTES

Artiste! Le mot même évoque le talent, le génie peut-être, en tous cas, la fantaisie et la vie indépendante, étrangères aux réalités bourgeoises.

Artiste! C'est le garçon joyeux qui s'amuse toujours, même s'il travaille, traversant la vie comme dans un halo de rêve et d'illusion, que n'assombrissent jamais les soucis communs aux autres hommes.

Ainsi l'a voulu toute une littérature. Et tel est sur nos imaginations l'empire des mots que nous imaginons encore difficilement qu'un artiste puisse être malheureux puisqu'il est un artiste et que, drapé dans le mot comme dans sa longue pélerine espagnole, il ne séduise pas la vie et les femmes. C'est ici qu'il faut se rappeler les préceptes de Liebniz et ne pas prendre la paille des mots pour le grain des choses.

*
* *

L'enseignement donné aux jeunes gens connus sous le vocable d'artistes et que l'on devrait appeler des ouvriers d'art, si le mot n'était pris, les divise en quatre classes : les peintres, les sculpteurs, les graveurs, les architectes. Et c'est ordinairement vers la quinzième année, que ces quatre classes de jeunes gens se sentent la vocation.

Chez la plupart, elle se traduit moins par un besoin impérieux d'apprendre consciencieusement la technique de leur art que par celui d'abandonner les occupations familières à leurs camarades. Suivent-ils les cours du lycée? C'est la version latine qui leur apparaît comme un exercice de forçat, indigne de leur débordante imagination. Suivent-ils ceux de l'école primaire supérieure? L'arithmétique est pour eux sans attrait et la géométrie, bonne tout au plus pour les tailleurs de pierres. Il en est aussi qui trouvent trop pesant le marteau tombant sur l'enclume et qui ne manquent point d'estimer davantage le pinceau ou le crayon, de ce qu'ils sont moins lourds à la main qui les manie.

La vocation d'artiste est donc, chez la plupart de nos jeunes gens, un besoin prématuré d'indépendance, un désir de vie paresseuse qu'ils n'osent avouer et qu'ils ne distinguent peut-être pas nettement, une manifestation spéciale et particulièrement dangereuse de la puberté, que nous recommandons aux parents de soigner par les mesures de rigueur.

« Tu es artiste, mon ami; tu n'as pas quinze ans et tu sens, dès cet âge si tendre, éclore en toi les longues ambitions et les vastes pensées. Je remercie les dieux de m'avoir donné un tel fils et j'espère un jour voir mes traits encadrés dans quelque salon plus indépendant ou plus classique que les autres. Garde donc en toi ces précieux germes de talent, cette étincelle qui deviendra sans doute le grand feu du génie. Mais, en attendant la flambée de la gloire à laquelle s'éclaireront et se chaufferont tes pauvres parents, devenus vieux et restés modestes, prends un métier, une situation comme tout le monde. Ne crains rien, si le feu n'est pas de paille, il n'est pas prêt de s'éteindre. A vingt ans, quand tu seras capable de quelque chose pour toute ta vie, tu auras seulement le droit de risquer, malgré plus d'efforts qu'il n'en faut pour être ministre ou ambassadeur, de ne rien faire! »

Ainsi doivent parler les parents sages.

Ce qui revient à dire : pas de peinture, pas de sculpture, pas d'architecture, pas de gravure, rien « des fameux quat'z'arts » avant dix-huit ans, avant que le jeune homme ait assuré son avenir par des habiletés positives.

Si les parents suivaient notre conseil, ils ne priveraient certes pas le pays d'un seul artiste véritable ; ils l'allégeraient de beaucoup de gâcheurs, de gens ridicules et de propres à rien.

Ils y gagneraient pour leur compte et celui de toute la famille.

Ces réserves faites sur la prétendue vocation d'artiste, voici les moyens pratiques dont dispose un jeune homme, en France, pour apprendre l'art qu'il a choisi.

Il y a tout d'abord l'École nationale et spéciale des Beaux-Arts à Paris, qui comprend la section de peinture et de gravure en taille-douce : la section de sculpture et de gravures en médaille, la section d'architecture. A propos des architectes, nous avons déjà parlé des conditions d'entrée dans la section d'architecture et du stage qu'y font les élèves.

Voici les renseignements relatifs à l'entrée dans les autres sections.

Pour l'inscription, qui a lieu au bureau du secrétariat de l'Ecole, les jeunes gens (hommes ou femmes) doivent produire :

Les Français : un extrait d'acte de naissance ;

Les Étrangers : une lettre d'introduction du Ministre, de l'ambassadeur ou du consul général de leur nation, *faisant connaître la date et le lieu de naissance du candidat.*

Tous doivent être munis d'une pièce attestant qu'ils sont en état de subir les épreuves d'admission.

Nul ne peut obtenir son inscription s'il a moins de quinze ans ou plus de trente ans révolus.

Pour la section de peinture et de gravure les épreuves, qui ont lieu deux fois par an, en octobre-novembre et en avril-mai, consistent en :

Une figure dessinée, d'après nature, à l'une des sessions, d'après l'antique à l'autre session, et exécutée en douze heures.

Les candidats admis à la suite de cette première épreuve sont seuls autorisés à subir les épreuves ci-après :

1° Un dessin d'anatomie (ostéologie), exécuté en loge en deux heures ;

2° Un dessin exécuté en quatre heures d'après un objet en relief, avec les indications des principales lignes perspectives ;

3° Un fragment de figure, modelé d'après l'antique, exécuté en neuf heures;

4° Une étude élémentaire d'architecture, exécutée en loge en six heures;

5° Un examen sur les notions générales de l'histoire, écrit ou oral, au choix du candidat.

Pour chaque session, l'inscription se fait dans les huit jours qui précèdent la première épreuve.

Pour la section de sculpture, les épreuves qui ont lieu deux fois par an, en octobre-novembre et en avril-mai, consistent en :

Une figure modelée, d'après nature à l'une des sessions, d'après l'antique à l'autre session, et exécutée en douze heures.

Les candidats admis à la suite de cette première épreuve sont seuls autorisés à subir les épreuves ci-après :

1° Un dessin d'anatomie (ostéologie), exécuté en loge en deux heures;

2° Un fragment de figure dessiné d'après l'antique, exécuté en neuf heures;

3° Une étude élémentaire d'architecture, exécutée en loge en six heures;

4° Un examen sur les notions générales de l'histoire, écrit ou oral, au choix du candidat.

Pour chaque session, l'inscription se fait dans les huit jours qui précèdent la première épreuve.

A l'École des Beaux-Arts, les peintres et les sculpteurs sont répartis en ateliers comme les architectes. Il y a cinq ateliers pour la peinture, cinq pour la sculpture, un pour la gravure en taille-douce et un pour la gravure en médaille et en pierres fines. A la tête de chaque atelier se trouve un professeur, chef d'atelier. Sous la direction de celui-ci, qui passe plusieurs fois par semaine pour les corrections,

10*

les élèves se livrent à des exercices pratiques. Ils ont des modèles et des reproductions de morceaux renommés de sculpture pour fixer leurs études.

Les études des élèves peintres et sculpteurs sont coupées par différents concours qui présentent un double intérêt. D'abord il faut décrocher la médaille dans l'un de ces concours pour obtenir la dispense de deux ans de service militaire. En outre, à chacune de ces médailles est attaché un prix en argent. Il y a, notamment, le prix de tête d'expression, d'une valeur de 100 francs, fondé par le comte de Caylus, au xviii⁰ siècle; le prix de torse fondé par La Tour à la même époque et d'une valeur de 500 francs. Les deux fondations Jauvain d'Attainville atteignent chacune 2.000 francs. L'ensemble des prix décernés chaque année par l'École des Beaux-Arts se monte à 18.180 francs, non compris la fondation Chenavard et les prix de Rome. Sur cette somme, 7.662 francs appartiennent aux peintres et sculpteurs et 10.518 aux architectes.

La fondation Chenavard réserve une somme destinée à venir « en aide aux élèves peintres, sculpteurs, architectes, graveurs, admis à l'École, pauvres et qui se sont rendus par leur travail le plus digne de cet encouragement ». Cette somme est fixée chaque année par le Conseil supérieur de l'Ecole. La plus haute récompense que puisse décerner l'Ecole des Beaux-Arts est le prix de Rome. Il donne droit, comme on va voir, à de nombreux avantages.

Prix de Rome

Ce concours est ouvert périodiquement sous la direction de l'Académie des Beaux-Arts entre les jeunes artistes.

peintres, sculpteurs, architectes, graveurs en taille-douce, en médailles et sur pierres fines et compositeurs de musique.

Il a lieu à l'École des Beaux-Arts et au Conservatoire de Musique pour les compositeurs.

Conditions d'admission au concours : Peut concourir tout Français ou naturalisé Français n'ayant pas trente ans accomplis au 1er janvier de l'année du concours et admis à y prendre part. Le règlement de l'Académie ajoute deux autres conditions qui ne sont pas portées sur les décrets : 1° les artistes mariés ne peuvent concourir; 2° tout candidat doit être porteur d'un certificat délivré par son professeur ou par un artiste connu, attestant qu'il est capable de prendre part au concours.

Il n'est accordé qu'un grand-prix dont le lauréat est envoyé à Rome.

Les autres récompenses (2e prix et mentions) ne donnent pas droit à ces avantages.

Au cas où il n'est pas accordé de grand-prix à la suite d'un concours, le grand-prix reste en réserve et peut être décerné l'année suivante, sans préjudice de celui de l'année.

Épreuves : Chaque concours comprend des épreuves d'essai et des épreuves définitives. Peuvent être exemptés de l'essai les jeunes artistes ayant été déjà récompensés dans un précédent concours de Rome, ou même ayant été déjà admis en loge, et ceux ayant obtenu certaines récompenses dans leurs classes à l'École des Beaux-Arts.

Les concurrents admis après l'essai sont tenus de signer l'engagement d'adhérer au règlement qui régit l'Académie de France à Rome.

Les concours ont lieu en loge, dans des conditions de secret absolu, déterminées par le règlement.

Toute infraction à la sincérité du concours entraîne la mise hors du concours.

Aucun concurrent ne peut soustraire son travail au jugement de l'Académie, sous quelque prétexte que ce soit.

Tous les concurrents reçoivent une indemnité pour frais d'exécution du concours ; cette indemnité est accordée aux logistes au fur et à mesure de leurs besoins. Un tiers de cette indemnité est réservé jusqu'à la fin des épreuves et retenu au cas où le concurrent ne remplirait pas les conditions du concours.

Les jugements pour les épreuves d'essai et les jugements préparatoires du concours définitif sont rendus, pour chaque branche, par la section correspondante de l'Académie, à laquelle sont adjoints, dans des conditions déterminées, un certain nombre d'artistes choisis au dehors.

Le jugement définitif est rendu par l'Académie en assemblée générale, à la majorité des deux tiers.

Pour les artistes peintres, sculpteurs, graveurs en taille-douce, en médaille, etc., une exposition publique du concours a lieu trois jours avant et un jour après le jugement.

Les ouvrages qui ont remporté le prix sont exposés pendant la semaine où a lieu la séance publique annuelle de l'Académie des Beaux-Arts ; au cours de cette séance, on distribue les prix du concours, et on exécute la scène lyrique qui a obtenu le premier grand-prix, ainsi que le morceau de musique instrumentale composé par le pensionnaire musicien de troisième année.

Dispositions spéciales. — 1° *Peintres :* Le concours de Rome pour la peinture est établi tous les ans. Il comprend deux concours d'essai, le second se décomposant lui-même en deux épreuves. Le premier concours d'essai commence, d'après le règlement, le dernier jeudi de mars.

La durée du concours est de soixante-douze jours de travail. L'indemnité accordée aux peintres est de 300 francs·

2° *Sculpteurs :* Le concours est annuel; il comprend deux épreuves d'essai, la première commençant le premier jeudi d'avril. Comme pour les peintres, la durée du concours est de soixante-douze, jours et l'indemnité spéciale de 300 francs.

3° *Architectes :* Le concours est annuel et comprend deux épreuves d'essai. Il commence le deuxième mardi de mars.

La durée du concours est de cent dix jours de travail, et l'indemnité est fixée à 200 francs;

4° *Graveurs en taille-douce:* Le concours n'a lieu que tous les deux ans; l'article 5 du règlement oblige les concurrents à présenter des épreuves de gravures certifiées avoir été exécutées par eux.

Il n'y a qu'un concours d'essai. Il commence le deuxième lundi de mars. La durée totale du concours est fixée à quatre-vingt-dix jours. Les concurrents reçoivent une indemnité de 200 francs;

5° *Graveurs en medailles ou pierres fines :* Le concours n'a lieu que tous les trois ans. Il comprend deux concours d'essai, et commence le deuxième mercredi de mars. Les concurrents sont tenus de se conformer, en se présentant, aux conditions de l'article 5. Ils reçoivent une indemnité de 200 francs;

6° *Compositeurs de musique :* Le concours est annuel. Il n'y a qu'un concours d'essai. La date en est fixée invariablement au premier samedi de mai. Le concours d'essai dure six jours entiers; le concours définitif, vingt-cinq jours pleins.

L'indemnité de concours est fixée à 100 francs.

Avantages. — Les artistes qui ont remporté les premiers grands-prix reçoivent un diplôme et une médaille d'or. Ils vont, en qualité de pensionnaires de l'État, passer un nombre d'années déterminé par le règlement pour chacun des différents arts, à l'Académie de France à Rome.

En vertu de l'article 23 de la nouvelle loi militaire, ils ne sont appelés, en temps de paix, qu'un an sous les drapeaux.

Les deuxièmes prix reçoivent un diplôme et une médaille d'or.

Séjour à l'École de Rome. — Les pensionnaires de l'Académie de France à Rome séjournent pendant quatre ans à la Villa Médicis, à l'exception des graveurs en médailles, qui n'y sont appelés que pour trois ans.

Ils sont tenus, durant tout le temps de ce séjour, de demeurer à Rome, au Palais de l'Académie.

Les pensionnaires architectes n'y séjournent que trois ans, et passent leur quatrième année à l'École française d'Athènes. Les pensionnaires musiciens ne sont tenus de demeurer à Rome que deux ans. Ils peuvent prolonger ce séjour d'un an; mais leur quatrième année doit être employée tout entière à visiter l'Allemagne et l'Autriche-Hongrie.

Les pensionnaires habitent la Villa Médicis. Ils y prennent leurs repas à une table commune.

Traitement. — Les pensionnaires reçoivent annuellement pendant leur séjour à Rome une somme totale de 3.510 francs, qui se décompose de la manière suivante : traitement annuel, 2.310 francs; indemnité de table, 1.200 francs.

Les pensionnaires reçoivent, en outre, 600 francs, pour frais de voyage de Paris à Rome, et une même somme, à la fin de leur séjour, pour retourner de Rome à Paris.

Les architectes reçoivent 800 francs d'indemnité pour leur voyage en Grèce.

Enfin, il est alloué aux pensionnaires, à la fin de chaque année, des indemnités de frais d'étude variant de 300 à 600 francs, suivant l'année à laquelle appartient le pensionnaire et l'art dont il s'occupe.

Les compositeurs de musique jouissent de leurs entrées aux théâtres lyriques, pendant le temps de leur pension qu'ils sont autorisés à passer à Paris.

Obligations des pensionnaires. — Les pensionnaires sont tenus, sous peine de perdre leurs droits et leur titre :

1° De se trouver à Rome dans le courant de janvier de l'année où ils entrent en possession de leur pension ;

2° De ne pas se marier pendant leur séjour à Rome.

Ils ne doivent pas quitter Rome sans autorisation du Directeur, et sont tenus de se conformer au règlement spécial de l'Ecole.

Ils sont tenus à des travaux spéciaux déterminés chaque année et pour chaque art (§ 2, chap. III, *Regl. de l'Académie de France à Rome*). Ces travaux doivent être remis au Directeur, chaque année, avant le 1er avril. Ils font l'objet d'une exposition publique du 1er au 15 avril à Rome, et dans la deuxième quinzaine de juin à Paris, au palais des Beaux-Arts.

Prix spéciaux ou rentes créées en faveur des grands-prix de Rome. — I. *Fondation de M*me *V*re *Leprince :* 1° Une rente de 1.000 francs destinée aux grands-prix de peinture et de sculpture ;

2° Un prix de 600 francs pour les premiers grands-prix d'architecture ;

3° Un prix de 400 francs pour le premier grand-prix de gravure en taille-douce.

II. *Fondation de Mme la Comtesse de Caen :* 1° une rente annuelle de 4.000 francs pendant trois ans après la sortie de l'École de Rome, aux premiers grands-prix de peinture et de sculpture ;

2° Une rente annuelle de 3.000 francs pendant trois ans aux premiers grands-prix d'architecture ;

III. *Prix Cambacérès,* d'une valeur de 1.000 francs, aux premiers grands-prix de gravure en taille-douce et en médailles; ainsi qu'aux deuxièmes grands prix de peinture et de sculpture ;

IV. *Prix Alhumbert,* d'une valeur de 600 francs, aux premiers grands-prix de gravure en taille-douce et en médailles;

V. *Prix V^re Lusson,* d'une valeur de 500 francs, aux deuxièmes grands-prix d'architecture ;

VI. *Prix du baron de Tremont,* deux prix d'une valeur de 1.000 francs, pour deux jeunes peintres ou sculpteurs et un musicien pauvres, qui se sont distingués dans leurs études[1].

Tels sont les principaux prix destinés aux pensionnaires de l'Académie de France à Rome.

En dehors des prix et des avantages offerts par l'École des Beaux-Arts, quelques-uns de nos futurs artistes sont entretenus, bien maigrement d'ailleurs, par leurs villes ou leurs départements d'origine. C'est tantôt 800 francs, tantôt 1.000, chaque année, pendant deux ou trois ans, qui doivent leur donner le mouvement pour aller à la gloire.

---

1. *Repertoire des Professions et Metiers. (Armand Colin.)*

Mais bien nombreux sont ceux qui, même avec du talent, passent à travers les mailles trop larges de ce filet de petites ressources tramé par les bienveillances associées des pouvoirs publics et des particuliers. Et à la sortie de l'École, pourvu de sa médaille, il s'en faut que le jeune artiste soit riche d'autre chose que de rêve et d'illusion, Pour qu'il n'oublie pas qu'on ne vit ni des uns ni des autres, nous allons lui remettre sous les yeux les noms de quelques ancêtres que leur célébrité posthume n'a pas empêché de mourir de faim ; nous rechercherons ensuite quels sont les moyens pratiques qui s'offrent à lui de se tirer d'affaire.

« Jules Dupré, au début de sa carrière, vendait pour 15 francs des devants de cheminées qu'il avait peints ; Théodore Rousseau bazardait ses toiles à vil prix pour s'acheter du tabac. Quant à Géricault, sa misère était telle qu'il n'avait pas les moyens, parfois, de s'acheter des toiles. Un jour, il eut l'idée de gratter son fameux *Cuirassier blessé* pour repeindre un autre tableau ; mais il n'eut pas le courage de consommer le sacrifice et céda son œuvre contre une toile blanche, au fils du marchand de tableaux Jamart. Tous ceux-là ne sont pas encore trop à plaindre. Ils ont combattu, ils ont souffert, c'est vrai ; mais, en fin de compte, ils ont triomphé, et la justice humaine n'a pas été partiale pour eux.

Mais sait-on le nombre d'artistes de talent, d'hommes de génie même, qui, malgré toute leur foi, toute leur ardeur, n'ont pu venir à bout de la fortune adverse ? Millet, père de huit enfants, dut trimer toute sa vie comme un malheureux pour leur assurer une maigre pitance quotidienne, et mourut pauvre. L'existence de Tassaert, un des plus grands artistes du siècle, peut-être, fut plus lamentable encore. Une fois, à bout de ressources, tout déguenillé, il se présenta, une toile sous le bras, chez Jeanron, directeur des musées nationaux. Jeanron, qui ne le connaissait pas, lui dit, sans même regarder son œuvre, qu'il n'avait aucun crédit disponible pour acheter des tableaux. — « Mais, dit Tassaert, je ne vous demande pas d'acheter cela ; procurez-moi seulement du travail. » — « Et que savez-vous faire ? » Tassaert montra la toile qu'il avait apportée : « Ah non ! dit Jeanron, je reconnais là le métier de Tassaert. — Je suis Tassaert. » Jeanron procura à grand'peine une commande de 2.000 francs à l'artiste malheureux. Mais la misère s'acharna après lui. Sa vieillesse fut lamentable ; il essaya d'en adoucir les souffrances par l'ivresse. A soixante-quatorze ans il se suicida. On vendit son mobilier pour payer son cercueil : la vente produisit 38 francs. Plus près de nous encore, Turquan, le grand sculpteur, l'auteur de l'admirable groupe, *l'Aveugle et le Paralytique*, mourut dans le dénuement le plus complet, et la Société des Artistes Français dut prendre son enterrement à sa charge. « Combien d'autres, qui n'ont même pas eu, comme Millet, comme Tassaert, comme Turquan, la gloire de laisser un nom et une œuvre, ont monté toute leur vie, par dévotion pour l'art, un douloureux calvaire » (*Les Prolétaires intellectuels*).

Ces exemples doivent prouver surabondamment aux artistes que, pour être tels, ils n'en sont pas moins tenus, s'ils n'ont pas d'argent, d'avoir du métier, de l'entregent, de l'habileté, et qu'en un mot le goût de l'idéal ne les dispense pas d'être des hommes pratiques.

Pour se tirer d'affaire, le mieux est d'avoir su gagner la faveur d'un maître, d'avoir un patron qui vous suive et qui s'intéresse à vos productions. Il saura, au bon moment, surtout s'il est bien en cour, décrocher pour l'élève favori la commande de l'État qui le fera vivre une année. Il fera acheter le tableau plus ou moins remarqué au Salon par l'État ou la ville de Paris et, grâce à lui, peu à peu, percera sous l'élève le peintre officiel.

Mais le propre des élèves n'est pas de suivre leurs maîtres et bien rares sont ceux qui, après avoir utilisé leurs conseils, savent encore profiter de leur protection. Voici donc le jeune peintre lancé dans la vie, livré à son seul talent et à ses seules forces. Que va-t-il faire pour se faire remarquer?

Il peut courir le risque annuel des Salons. Mais que ceux qui en forcent la porte — ils sont nombreux d'ailleurs — ne croient pas qu'ils entrent dans le temple de la Fortune ou de la Gloire. Si grand est le nombre des toiles qu'ils ont bien peu de chances d'y être remarqués. Et bien des gens passeront sans l'apercevoir devant la toile à laquelle tant de jours furent consacrés, où se sont comme déposés avec les couleurs, tant d'espoir et d'idéal.

Les critiques ne l'apercevront peut-être pas, et, s'ils l'aperçoivent, n'en diront qu'un mot, maussade, désobligeant peut-être.

Il n'y a plus de critique d'art, d'ailleurs, à notre époque commerciale. La plupart des grands journaux confient *le*

Salon à des reporters, aussi incapables de faire la renommée d'un peintre en un article qu'un appariteur de village pourrait l'être de faire celle d'un poète, en l'annonçant au son du tambour.

A côté du Salon, il y a les petites expositions privées ou chez les marchands de tableaux. C'est peut-être une façon plus sûre de se faire connaître et de déterminer autour de soi un courant de sympathie. L'essentiel est de se faire valoir et de se créer des admirateurs, qui eux-mêmes en créeront d'autres.

L'admiration contagieuse, voilà ce qu'il faut déterminer autour de soi. On pourrait remarquer qu'aujourd'hui beaucoup de renommés peintres français sont du Midi. Nous avons ou peu s'en faut, notre école de Toulouse. Cela ne tiendrait-il pas un peu à la facilité qu'ont les gens du Midi de s'admirer mutuellement. Deux bons ténors, un peu réputés, qui, à propos d'une toile, s'en vont répéter à travers la ville « oh que c'est beau ! » et un peu de talent, de ce talent qui prête à la vulgarisation, cela vaut mieux pour un peintre ou un sculpteur que beaucoup de talent consciencieux, sans ténor.

Quoi qu'il en soit, la gloire et la fortune viennent rarement aux artistes, même à ceux qui dorment et les droits de l'idéal n'abolissent pas ceux de l'estomac. En attendant que leur atelier soit visité par les riches acheteurs, que leurs expositions privées fassent salle comble et qu'ils puissent tenir à l'État la dragée haute, quels moyens s'offrent à eux de végéter et par quels petits métiers pourront-ils garder intacte la noble ambition qui doit les mener aux plus hautes destinées.

Il y a d'abord les prix que décerne l'Académie des Beaux-Arts, mais c'est là une ressource bien minime pour les artistes.

Si ses dispositions l'y portent, l'artiste peut aussi essayer du portrait. D'abord le portrait est un grand genre de la peinture et l'une de ses occupations les plus lucratives. En attendant, du reste, que l'artiste ait l'heur de reproduire les traits du pape, de l'empereur de Russie ou de la duchesse d'Uzès, il peut se rabattre sur son restaurateur ; ce qui est utile pour la *douloureuse*. Les propriétaires semblent devoir rester hostiles à ces sortes de transactions et ne point dépasser dans leurs désirs la reproduction photographique. En général un jeune artiste de quelque talent et qui a su se faire quelques relations a plus de chance de réussir dans ce genre que dans d'autres comme, par exemple, l'académie, la peinture historique, le paysage où les chromos des bazars règnent encore en maîtres.

L'artiste peut aussi trouver son gagne-pain chez les marchands de tableaux qui lui achèteront ferme quelques toiles commandées d'ailleurs sur des bases précises.

Mais cette ressource est la porte ouverte au commerce des faux tableaux qui, à chaque instant, nous est révélé par des méprises officielles. Voici comment s'accomplit la dégringolade de l'artiste vers le faux et la malhonnêteté.

« D'abord l'artiste exécute innocemment et sans s'en douter la besogne louche que lui commande le marchand de tableaux. « Un marchand lui dit par exemple : « Faites-moi une esquisse dans le genre de X... », et il ajoute : « C'est pour un amateur qui aime cette manière. » Il brosse l'esquisse et, quelque temps après, passant par la rue Laffitte, il voit avec stupeur, à la devanture d'un marchand de tableaux, son esquisse « dans le genre de X... » exposée sous la signature X..., après avoir été convenablement vieillie et encadrée. Il n'ose rien dire. A quoi cela lui servirait-il ? A perdre son unique gagne-pain, tout au plus. Il consent au sacrilège qu'on lui a fait commettre. Il en commet d'autres, et sciemment, cette fois. Il va au Louvre, copie un Boucher ou un La Tour, modifiant seulement la couleur des cheveux, le teint de la peau et livre une mauvaise reproduction à l'homme qui les emploie. Celui-ci s'inquiète fort peu de la valeur de leur travail. Il a des procédés pour leur donner du prix. Il le signe La Tour ou Boucher, le vernit à force, le craquelle, le noircit, l'affuble d'un vieux cadre, revêt le tout d'une couche de crasse... et le tour est joué. L'amateur, qui n'est presque jamais connaisseur, l'expert, qui est trop souvent ignorant, s'y laissent généralement prendre. Dans les ventes, ces faux atteignent parfois des prix considérables. Quelquefois aussi un hasard les dévoile : un peintre vivant aperçoit chez un marchand une toile signée de son nom et qu'il ne reconnaît pas; des descendants perspicaces voient porter à l'actif d'un de leurs parents des œuvres qui ne rappellent que de fort loin sa manière. Des procès sont engagés, mais on retrouve rarement le premier vendeur. Quand on le découvre, on le condamne de façon à lui ôter l'envie de recommencer. On ne poursuit jamais l'artiste comme complice. Il serait impossible de relever contre lui le moindre chef d'accusation. Devant la loi, il est innocent puisqu'il n'a pas signé ses copies et que rien ne prouve qu'il connaissait l'usage qu'en faisait le marchand. » (*Les Prolétaires intellectuels.*)

Les restaurateurs de tableaux offrent encore une ressource pour l'artiste. De même les fabricants de tapisserie, d'étoffe pour ameublement qui peuvent demander à certains peintres des modèles inédits ou leur demander des copies de tableaux importants de nos Musées pour les faire reproduire ensuite sur l'étoffe.

L'illustration et la caricature si répandues de nos jours peuvent encore servir l'ancien élève des Beaux-Arts. Sans doute l'illustration s'efface peu à peu devant le document photographique dans les journaux illustrés à gros tirage.

Il n'est pas dit, du reste, que le public ne se fatiguera pas de celui-ci, de tout ce qu'il a de factice et d'artificiel et ne rendra pas ses préférences à l'illustration proprement dite, parce qu'elle est plus synthétique et qu'elle renseigne mieux, plus complètement, bien qu'en apparence, et en apparence seulement elle renseigne moins exactement. Qu'est-ce en effet qu'une photographie? Un moment d'un individu, d'un groupe, d'un événement! Qu'est-ce qu'une photographie? Leur synthèse.

D'ailleurs, il reste encore les revues illustrées dont le luxe de tirage s'augmente chaque jour et qui se plaisent à égayer leurs romans par des images, surtout en couleur. Il y a aussi les romans qui de plus en plus coupent leur texte par des illustrations. A 20 francs l'image, l'artiste a vite fait de gagner dans son mois une pièce de 400 francs. Il lui faut, pour trouver ces aubaines, savoir se mettre en relations avec les éditeurs; c'est chose difficile et qui demande autant de persévérance que de souplesse.

Certains peintres, d'humeur gaie et habiles à saisir les ridicules, peuvent aussi essayer de la caricature. Il y a dans cet art comme dans l'illustration toute une carrière à se faire. Les rois actuels du genre, les Abel Faivre, les Caran d'Ache, les Forain, les Capiello en font foi. Et c'est bien une moyenne de 3.000 francs par mois que leur rapportent leurs productions.

Mais que d'autres, au-dessous d'eux, peinent lamentablement, tournoient quelques années à fleur d'actualité, puis disparaissent. Si c'était au moins pour ne pas mourir, mais pour faire de l'agriculture ou de l'épicerie!

Pour se faire une idée de la difficulté qu'un caricaturiste éprouve à gagner sa vie, il faut avoir vu dans un grand journal comique, ces malheureux artistes proposer leurs essais, pour ne pas dire leurs efforts, douloureux, conçus dans la gêne et le souci et qui sont destinés à faire rire.

C'est ordinairement à heure et à jour fixe qu'on leur permet de se présenter. On n'a pas encore prévu pour eux l'entrée des fournisseurs, ou l'escalier de service, mais cela viendra. Pressés dans l'antichambre, ils sont là, une cinquantaine au moins, qui attendent, non pour qu'on les reçoive, mais qu'on les laisse passer, comme à la revision, devant un secrétaire de rédaction qui n'a rien à connaître en art, qui s'en voudrait d'y connaître quelque chose et qui doit savoir seulement ce qu'il faut à son journal, suivant les besoins de l'actualité.

Tantôt c'est la petite femme nue et folichonne qui a le mieux cours ; tantôt c'est la satire politique ; tantôt c'est, si l'on peut dire, la caricature à thèse.

Les artistes passent, le carton sous le bras, l'ouvrent, présentent leurs dessins en éventail. Un coup d'œil du juge, puis un mot : « Rien aujourd'hui, ou bien alors un court colloque : « 20 francs, celui-ci ? — Non, 25. — 22, ou rien du tout. » — Entendu. Un bon de caisse ; l'artiste caricaturiste va toucher. Et c'est fait, pour recommencer la semaine suivante.

« Quelques « artistes », si l'on peut encore accorder ce nom à ceux dont nous allons nous occuper, exercent des métiers plus étranges encore. Aux terrasses des cafés dans les grandes villes, aux foires dans les bourgades, ils vous offrent de faire votre portrait au fusain, moyennant quelques sous. Ce sont, la plupart du temps, des dessinateurs de talent moyen qui eussent fait, aussi bien que d'autres, de bons ouvriers d'art, de médiocres illustrateurs, si la misère, e vice ou la fainéantise ne les avaient pas perdus. Ils sont plus nombreux qu'on ne le croit. Pendant l'Exposition, plusieurs d'entre eux avaient installé leur « atelier » place de la Concorde, c'est-à-dire qu'ils y avaient posé leur chevalet en plein vent, et ouvert leur boîte à fusain. Ils n'ont pas chômé, et la saison n'a pas dû être mauvaise pour eux.

« La province se laissait facilement allécher par leur boniment. La nuit venue, on voyait encore des dames, en chapeaux à larges fleurs, poser gravement, de profil, au clair de la lune, pendant que l' « artiste », entouré d'une foule de curieux, travaillait à la lueur de deux méchantes lampes fumeuses.

« Dans les villes d'eaux, on trouve quelques sculpteurs qui exercent le même métier. Ils montent sur les promenades, près des établissements thermaux, des petites baraques démontables dont le maigre mobilier se compose d'un lit replié dans un coin, d'un baquet à glaise et d'une ou deux selles. A leur devanture, ils exposent généralement, pour attirer le client, le buste du Président de la République en exercice et le médaillon de quelques célébrités du jour.

« Leurs affaires sont presque toujours moins prospères que celles de leurs confrères dessinateurs, peut-être parce qu'une mauvaise sculpture est plus difficile à rendre acceptable qu'un mauvais dessin, peut-être aussi parce qu'elle coûte un peu plus cher. » (*Les Proletaires intellectuels.*)

Ceci nous amène à dire que les sculpteurs trouvent moins encore que les peintres les petits métiers qui les feront vivre. A part les marchands de sculpture et de bronze d'art, nous ne voyons aucune ressource qui leur soit particulière. Il est vrai qu'ils sont la plupart du temps peintres et dessinateurs.

COMPOSITEUR DE MUSIQUE

ET INSTRUMENSTISTE

La tradition veut que le musicien aussi bien que le peintre soit irrésistiblement entraîné vers son art. Lisez la plupart des biographies que l'on compose aux artistes célèbres ou qu'ils se composent, et vous ne manquerez pas d'y trouver, dès le deuxième paragraphe, la phrase sacramentelle : « Malgré la volonté de son père qui aurait voulu le voir devenir médecin, avocat, etc., le jeune homme se fit peintre, le jeune homme se fit musicien. »

Il est donc bien entendu que ce qui va suivre n'est pas pour troubler ces vocations irrésistibles et qu'à nous lire le moins chevelu même des jeunes esthètes qui encombrent nos Conservatoires ne renoncerait ni à son art ni à faire profiter la France de son merveilleux talent.

Peut-être, du moins, pourrions-nous rendre plus intraitable encore la volonté des pères avares et pratiques dont le rêve est de mettre dans la main de leurs fils prodigues non un violon, mais un métier et qui accepteraient de les entendre chanter, mais en travaillant. Si la vocation est irrésistible, si c'est vraiment le génie, ne craignez rien, bourgeois sévères. Sa flamme ne s'éteindra pas d'être comprimée quelques années sous le boisseau des besognes inférieures auxquelles se livrent les neuf dixièmes des hommes. Vous ne perdrez pas votre génie. Il percera sous le boisseau. Il brillera, il explosera tant que vous voudrez.

Cette sévérité avec laquelle nous voudrions voir comprimer les vocations musicales n'est pas sans excuses.

D'une façon générale, nous avons trop d'arts, trop d'artistes, trop de lettrés, de littérateurs, trop d'abstracteurs, trop d'esprits intellectuels, de gens amis du progrès, de jongleurs de concepts quintessenciés, et il serait à souhaiter que tout ce monde-là fît une besogne utile au lieu de s'essayer à nous donner une fausse image de la république athénienne.

Plus particulièrement, l'amateur de musique sévit assez, du salon à l'arrière-boutique, pour que le professionnel ne soit pas indispensable. On fait trop de bruit en France.

Et précisément parce que la musique s'est répandue dans toutes les classes de la société avec la rapidité d'une épidémie, que certains éditeurs servent la musique en feuilletons, tout comme les œuvres de M. Decourcelle, que les industriels livrent des pianos à 12 francs par mois, des violons, des accordéons, sans oublier les cornets à piston, pour des sommes plus abordables encore, que l'art est patronné, vulgarisé, recommandé par les vendeurs à la petite semaine, il y a lieu de mettre en garde non contre lui, mais contre l'idée et l'ambition de vivre par lui, les fils de notre petite bourgeoisie, et même de nos classes ouvrières.

*
* *

La voie toute naturelle que doit suivre le jeune musicien, c'est la préparation au Conservatoire national de Musique et de Déclamation. Il fera cette préparation, à Paris, avec des professeurs ou dans des cours libres, en province, dans les succursales du Conservatoire de Paris et les Écoles nationales de Musique. C'est vers la vingtième année, après trois ou quatre ans de préparation, que le jeune compositeur entrera au Conservatoire. Il y restera un ou deux ans, soit, le service militaire compris, jusqu'à vingt-cinq ans. C'est à ce moment qu'il va tenter de devenir un professionnel de l'art et que les difficultés l'attendent.

Sans doute, il a bien déjà dans ses cartons quelques airs à effet qui feront plus tard, quand il aura les paroles, des chansons de café-concert. Mais c'est vraiment trop modeste, et le jeune compositeur rêve de mieux. Il a, du reste, bien le temps de s'apercevoir que des chansons de café-concert, une sur mille réussit, et que ce n'est pas un cabotin grimé qui lui apportera la gloire et la fortune.

Un genre un peu plus relevé et de vente plus courante, c'est la romance pour piano. Mais il y a surproduction. Les éditeurs de musique se montrent difficiles et l'achètent mal. Il ne faut guère songer aux droits d'auteurs.

Quant à la musique d'opéra et d'opérette, elle est d'un placement plus difficile encore qu'une pièce de théâtre. « Car il n'existe actuellement à Paris que deux théâtres de musique, l'Opéra et l'Opéra-Comique ; ces deux théâtres ne peuvent interpréter à eux deux qu'un maximum de huit compositeurs par an, alors que plus de cent compositeurs, tous d'un talent constaté, aspirent à voir leurs œuvres exécutées. Alors même que le Théâtre-Lyrique subsisterait, les débouchés seraient absolument insuffisants. La décentralisation sur laquelle on pourrait compter pour modifier avantageusement cet état de choses ne donnera jamais de sérieux résultats, la province soit par routine, soit par manque d'audace préférant recevoir à quelques exceptions près, sur les scènes dont elle dispose, les œuvres seules que les théâtres des capitales ont déjà consacrées. Les deux ou trois tentatives qui ont eu lieu ces années dernières, à Rouen et à Nice, par exemple, sont trop isolées pour être efficaces. » (Dictionnaire des professions et métiers.)

*
* *

Ce qui peut sauver les compositeurs de musique, c'est d'ajouter à leurs hautes préoccupations d'art pur, la profession plus humble d'instrumentistes jouant dans les orchestres. Ils pourront ainsi toucher des appointements mensuels de 200 francs par mois, en moyenne. Sans doute, leurs œuvres, leurs œuvres écloses dans la fièvre de l'inspiration, n'y gagneront rien. Mais, eux, y gagneront le pain quotidien.

Le professorat nous apparaît enfin comme le meilleur appoint des compositeurs et instrumentistes. Sans parler des virtuoses de renommée dont les cachets vont jusqu'à 50 francs, il n'est pas rare qu'un compositeur de quelque talent et un peu connu puisse trouver des leçons de piano ou de violon, à 5 et 6 francs.

Le professorat de la musique est même exclusivement exercé par certains instrumentistes. Ce fut jadis une occupation lucrative, comme celle de professeur libre. Mais sa valeur a bien diminué, comme celle du professorat libre avec l'accroissement numérique des professeurs libres, depuis l'organisation des cours gratuits que des associations de tout genre ont multipliés jusque dans les plus humbles faubourgs de nos grandes villes.

Il y a maintenant, hélas! des professeurs de piano et de violon à tous les étages, comme l'eau et le gaz. Aux vitrines des boulangers et des blanchisseurs, leurs propositions s'étalent à côté de celles des femmes de ménage et des bonnes à tout faire, presque aussi abordables d'ailleurs! une femme de ménage maintenant ses exigences à 40 centimes l'heure, et certains professeurs de piano, abaissant les leurs, nous l'affirmons jusqu'à 50 centimes.

Cela ne prouve-t-il pas surabondamment qu'en art musical, du compositeur qui rêve d'entendre se développer son œuvre sous la rampe de l'Opéra, au prolétaire en redingote qui enseigne la méthode Carpentier, il y a encombrement.

Professeurs de piano ou d'autres choses, c'est souvent petits métiers et grandes misères.

Pères de famille éloignez donc de nous les jeunes artistes, les tendres compositeurs, les instrumentistes, grands, moyens et surtout petits talents futurs qui nous appauvrissent de leur inutilité et de leur pénurie en même temps qu'ils nous agacent de leurs revendications.

Ne nous donnez plus de musiciens, d'ici quelque temps, la France en est pleine.

TITRE VII

DIVERS

DIVERS

—

COMÉDIENS

Il n'est pas absolument impossible d'espérer qu'on peut détourner un jeune homme de devenir peintre, musicien, homme de lettres, toutes professions où l'envers de la médaille est à considérer sérieusement. Mais, si votre fils se sent des dispositions à devenir comédien, s'il les avoue en se mettant volontiers le dos à la cheminée pour y dire des vers où en se prodiguant dans les salons pour y jouer des comédies 'e paravent, si dès la dix-septième année il apprend à ﾑugir comme Mounet-Sully, ou à devenir aussi amusant en société que Coquelin Cadet, vous n'avez plus qu'à le laisser suivre ce qu'il appelle sa carrière ou à l'envoyer aux colonies pour en briser le fil. Encore n'est-il pas sûr qu'il n'en revienne tout droit sur les planches d'un théâtre de province, non sans avoir préalablement joué la comédie sur le pont du bateau.

L'âme du comédien ne périt qu'avec son corps. Delobelle ou Brichanteau vous le diraient.

Ces quelques lignes sont pour persuader le lecteur que nous aurions voulu lui indiquer les moyens de ne pas devenir comédien, même s'il en a la vocation ou mieux de se guérir de la vocation de comédien. Ils sont inconnus jusqu'à ce jour. Même l'homéopathie paraît impuissante. Car plus un comédien est malheureux et plus il a de confiance en son art.

La seule précaution à prendre contre un jeune homme qui rêve du manteau d'Hernani ou du double nez de Cyrano de Bergerac, c'est de lui persuader qu'il est un grand artiste, un si grand artiste qu'il lui suffira de se révéler au public pour s'imposer et qu'il a le temps, par suite, de s'exhiber sur les planches. Après le service militaire, il sera bien temps...

D'ici là, si le jeune homme n'est ni paresseux, ni inintelligent, il fera de bonnes études, apprendra un métier, et, tout doucement, la passion d'émouvoir ses semblables pourra diminuer chez lui, au point de se satisfaire de quelques menues manifestations privées.

Si toute objurgation reste inutile, il ne reste plus qu'à souhaiter au comédien de devenir célèbre.

C'est presque inutile d'ailleurs ; il n'en doute jamais.

* *
*

Le propre de la carrière de comédien, c'est l'instabilité. Elle est, en effet, tout entière morcelée en une série d'*enga-gements*, c'est-à-dire de contrats avec un entrepreneur de spectacles, lesquels sont valables pour une durée limitée, le plus souvent pour une saison de cinq à six mois. La plupart des comédiens s'engagent pour l'hiver dans les théâtres des grandes villes et, l'été, prennent un nouvel engagement dans les troupes de villes d'eaux. Ils ont aussi à leur disposition les *tournees*, c'est-à-dire les représentations données par une même troupe, sous la responsabilité du même entrepreneur de spectacles, dans diverses villes.

Entre les entrepieneurs de spectacles et les artistes se trouvent les agences de placement : ce sont elles qui organisent la plupart des troupes de province. Elles prélèvent un tant pour cent sur le total des appointements de l'artiste engagé par leurs soins, et se font payer, avant les débuts une commission. Nous retrouvons ici le rôle si critiqué de l'intermédiaire. Mais comment le remplacer? Et bien des artistes sans place ne sont-ils pas heureux de recourir à l'agence comme à la planche de salut.

Il est assez difficile de déterminer les appointements des artistes. Pour un même artiste, ces appointements varient avec les engagements.

Si l'on excepte les théâtres de Paris et ceux de Lyon, Marseille et Bordeaux, pour lesquels les appointements peuvent être plus élevés, les premiers rôles ne dépassent guère 600 francs par mois; les autres vont en diminuant jusqu'à 200 francs. Et il faut payer sur ces appointements, es *costumes de ville*, qu'on n'endosse que pour le théâtre, les frais de déplacement, les dépenses supplémentaires d'une installation toujours provisoire. Il faut compter sur la morte-saison, qui est en moyenne de quatre mois par an au minimum. Il faut surtout compter avec la vieillesse qui arrive en même temps que l'âge mûr, chez des gens obligés, par leur profession, à se coucher tard et à mener une vie irrégulière.

Aussi, bien nombreux sont ceux que l'exercice de l'art théâtral rend fourbus avant l'âge, et la Société des Artistes dramatiques, institution de prévoyance fondée par le baron Taylor, avec ses 100.000 francs de rente, ne réussit pas à soulager toutes les infortunes du théâtre. Elle sert à ceux de ses membres qui sont âgés de plus de soixante ans des pensions de retraite et accorde des secours à ceux qui, âgés de moins de soixante ans, se trouvent dans l'impossibilité d'exercer leur profession.

La situation des artistes des théâtres de Paris n'est guère moins aléatoire. A part les théâtres subventionnés par l'État dont nous allons parler et les théâtres municipaux (la Gaîté et le Châtelet) qui procurent une certaine stabilité à leurs pensionnaires, les autres théâtres soumis à toutes les fluctuations du goût public, se livrent à d'effrayantes consommations de comédiens. Quelques noms réussissent bien à se maintenir longuement sur l'affiche. Mais, pour la plupart, ce sont les mêmes déboires que nous avons déjà décrits, l'exode lamentable vers la province, puis le non moins lamentable retour vers Paris.

Dans les théâtres du centre de Paris, avoisinant les boulevards, les appointements sont cependant plus relevés. Les premiers rôles touchent des cachets de 50 à 100 francs par représentation. Les rôles secondaires ne descendent guère au-dessous de 15 francs.

Tout autre est cependant la situation des acteurs des théâtres subventionnés par l'État : Théâtre-Français et Odéon.

* *

D'après le fameux décret de Moscou, réorganisé par le décret du 27 avril 1850, le personnel artiste du Théâtre-Français se divise en deux catégories : les sociétaires et les pensionnaires.

Le sociétaire est nommé par le Ministre sur la proposition de l'Administrateur général et après un vote du Conseil d'administration.

Chaque sociétaire a droit à une allocation annuelle, à des feux, à une quotité dans les bénéfices nets, à une représentation à son bénéfice, à une pension.

L'allocation annuelle est calculée proportionnellement à la quotité de la part sociale, qui peut être fractionnée depuis un huitième de part. Elle ne peut dépasser 12.000 francs.

Les feux sont des jetons de présence acquis par chaque représentation, conformément à un tarif réglementaire.

La quotité dans les bénéfices nets est proportionnelle à la part ou fraction de part attribuée au sociétaire.

La répartition se fait à la fin de chaque année. La moitié de cette part est mise en réserve et capitalisée pour être rendue au sociétaire, le jour de sa mise à la retraite. Jusqu'à cette époque, les intérêts provenant de ce fonds servent à payer les pensions.

La représentation à bénéfice est accordée au sociétaire à l'époque de sa retraite définitive, s'il a accompli vingt ans au moins de service.

La pension de retraite n'est acquise qu'après vingt années de service non interrompu. Chaque année de service supplémentaire donne droit à une augmentation de pension de 200 francs par année. Les années de service comptent à partir des débuts, même quand ils n'ont pas été suivis d'une admission immédiate dans la Société à titre de sociétaire.

La pension statutaire, après vingt ans de service, est de 5.000 francs.

Le sociétaire contracte, au moment de son admission, l'obligation de jouer pendant vingt ans à la Comédie-Française, à l'exclusion de tout autre théâtre. Après vingt ans de services accomplis, il peut prendre sa retraite, à moins que le Ministre ne juge à propos de le retenir.

Le sociétaire qui a pris sa retraite n'a pas le droit de contracter d'engagements avec un autre théâtre de Paris, sous peine de perdre sa pension de retraite.

Après dix années de service, il est statué sur la position du sociétaire. La mise à la retraite d'office peut être prononcée par le Ministre, après avis du Comité et sur la proposition de l'Administrateur général.

En ce cas, le sociétaire a droit au tiers de la pension qui lui aurait été due s'il avait accompli vingt ans de service, et il est libre d'exercer son art à Paris et dans les départements.

La mise à la retraite d'un sociétaire peut être prononcée d'office, lorsque des infirmités le mettent dans l'incapacité de servir. Une pension proportionnelle à ses années de service et à sa part sociale lui est accordée si ses débuts remontent au-delà de dix années.

Les acteurs pensionnaires touchent des appointements sans participation dans les bénéfices.

Après vingt ans et plus de services ininterrompus, ils

peuvent recevoir une pension qui, en aucun cas, ne peut excéder la moitié du traitement dont ils ont joui pendant les trois dernières années de leur service. Le traitement des artistes pensionnaires va de 2.400 à 12.000 francs.

Bien que le personnel administratif de la Comédie-Française relève plutôt des carrières administratives que des carrières libérales, nous croyons utile d'en dire un mot à cette place. Il comprend l'Administrateur général dont le traitement annuel est de 36.000 francs, le secrétaire général, logé dans le théâtre, aux appointements de 7.000 francs, un archiviste secrétaire du Comité d'administration, dont le traitement va de 2.400 à 4.000 francs; le chef machiniste, le chef tailleur, le chef de musique dont les appointements vont de 3.000 à 4.000 francs.

Le théâtre de l'Odéon recrute comme la Comédie-Française ses jeunes artistes parmi les diplômés du Conservatoire. Ceux-ci rêvent d'ailleurs de n'y pas rester longtemps et de passer du second au premier théâtre français. Certains artistes, cependant, font toute leur carrière au Théâtre de l'Odéon. Leurs traitements vont de 1.800 à 12.000 francs. Le théâtre peut aussi engager exceptionnellement des artistes pour certaines représentations. Ceux-ci sont alors payés au cachet.

Le personnel administratif, au théâtre de l'Odéon, comprend, outre le directeur, le secrétaire général aux appointements de 3.000 francs; l'inspecteur général aux appointement de 5.000 francs ; le caissier, chef de comptabilité, aux appointements de 3.000 francs.

Le personnel technique comprend 1 directeur de la scène à 8.000 francs, 2 régisseurs à 2.400 francs et à 3.600; un lecteur des manuscrits soumis à l'acceptation du directeur à 1.500 francs, dessinateur de costume, chef de costumes, maîtresse couturière, chef de musique.

*
* *

Ce que nous avons dit des comédiens s'applique évidemment aux artistes dramatiques qui se sont consacrés aux chants. Leurs appointements sont aussi modiques, aussi mal assurée leur vie, et aussi nombreuses leurs chances d'insuccès. Là encore, au-dessous de quelques grands rôles s'agite toute une cohorte de prolétaires de l'art. Encore les risques à courir sont-ils plus grands encore pour le chanteur que pour le comédien proprement dit, en raison de la difficulté qu'il éprouve à conserver sa voix. La preuve en est que les théâtres subventionnés, tels que l'Opéra ou l'Opéra-Comique n'entretiennent ni pensionnaires ni sociétaires.

Nous donnons ci-dessous l'organisation de ces deux théâtres d'après le *Dictionnaire des professions et metiers.*

*
* *

Personnel. — Le personnel de l'Opéra est groupé en trois catégories : personnel administratif proprement dit, — personnel technique, — personnel artiste.

Personnel administratif. — Il comprend d'abord le directeur, qui exerce seul ou avec un associé, l'autorité supérieure.

Concessionnaire de l'entreprise, il est assujetti au dépôt d'un cautionnement de 400.000 francs, et il doit justifier d'un fond de roulement de même importance.

Il est astreint, en outre, à l'observation d'un cahier des charges fixant les clauses et conditions du privilège qui lui a été accordé, et soumis au contrôle d'un commissaire du Gouvernement.

Il est assisté, pour le règlement de toutes les questions d'ordre purement administratif, d'un secrétaire général et d'un chef de la comptabilité qu'il choisit sans intervention du Ministre des Beaux-Arts.

Ces deux employés ont un traitement qui varie entre 4.000 et 6.000 francs.

Le secrétaire général est chargé de la correspondance.

Le chef de la comptabilité, centralise toutes les opérations de trésorerie et règle les questions relatives aux abonnements.

Il a sous ses ordres un caissier, deux sous-chefs de bureau et des commis.

Les appointements de ce personnel vont de 1.800 à 4.000 francs.

Personnel technique. — Il est divisé en neuf sections :

1° *Service de la scène.* — Un régisseur général, aux appointements de 12.000 francs, organise et surveille le travail des répétitions. Il assure le service du répertoire et seconde les auteurs et le directeur pour la mise en scène des ouvrages nouveaux.

Un régisseur de la scène dont le traitement est de 4 à 5.000 francs est chargé de la transmission, à tout le personnel artiste, des ordres de service.

2° *Service du chant.* — Il comprend quatre professeurs qui portent le titre de chefs du chant et sont chargés, moyennant un traitement de 4 à 5.000 francs, d'apprendre les rôles aux artistes, en leur transmettant les intentions des auteurs et les traditions. Ils doivent, en outre, accompagner au piano les ouvrages en répétition.

Il convient de rattacher à ce service l'emploi de souffleur qui rapporte 2.800 francs et ne peut être confié qu'à un musicien consommé.

3° *Service de l'orchestre.* — Il est dirigé par :

1 chef, aux appointements de..............	12 000 fr.
1 deuxième chef, aux appointements de....	6.000
1 troisième chef, —	4.200

Contrairement à la règle générale, le choix de ces fonctionnaires doit être ratifié par le Ministre.

4° *Service de la danse.* — Il est placé sous les ordres d'un maître de ballet dont le traitement est de 12.000 francs.

Le maître de ballet a la haute main sur tous les travaux de danse et est chargé de la composition de la chorégraphie des ouvrages nouveaux.

Il est secondé par : 1 régisseur de la danse, au traitement de 7.500 francs, 1 inspecteur et 4 professeurs de danse et de mimique, au traitement de 2.000 à 6.000.

5° *Service des chœurs.* Il est dirigé par : 1 chef, dont le traitement est de 7.000 francs, assisté d'un sous-chef, dont le traitement est de 3.600 francs.

6° *Service des costumes.* — Il est sous les ordres d'un artiste dessinateur dont la rémunération est assurée : 1° par un traitement fixe de 3.000 francs pour la surveillance des réfections courantes; 2° par une allocation supplémentaire afférente à chaque dessin de costume nouveau et tarifée conformément à un contrat débattu entre lui et le directeur.

Le chef des costumes a sous sa direction sept employés dont les appointements varient entre 1.300 et 2.400 francs, plus :

    1 maitre-tailleur aux appointements de..... 3.600 fr.
    1 maitresse couturière   — 6.000
    39 ouvriers et ouvrières   —   ... 800 à 1.000

7° Service des décorations :

    1 machiniste en chef aux appointements de.. 8.000 fr.
    1 sous-chef   —   .. 5.000

Les ouvriers machinistes, au nombre de 80, sont payés à la journée, conformément à un tarif minimum de 5 fr. 75 et maximum de 9 fr. 25.

La peinture et la confection des décorations sont exécutées par des peintres décorateurs qui ne font pas partie du personnel de l'Opéra.

8° Service de la bibliothèque et des archives. — Le service est subdivisé.

Un bibliothécaire est chargé de conserver toutes les partitions des ouvrages maintenus au répertoire courant, comme de ceux qui ont été représentés à l'Opéra.

Un archiviste a pour mission de conserver tous les documents intéressant l'administration de l'Opéra et de rechercher toutes les pièces susceptibles de servir à son histoire.

Il est aidé dans cette tâche par un archiviste-adjoint.

Les appointements de ces fonctionnaires varient entre 1.800 et 3.000 francs.

9° *Service du contrôle.* — Un contrôleur général, aux appointements de 4.000 francs, est chargé de surveiller l'encaissement des recettes, ainsi que le prélèvement des redevances au profit des auteurs et des hospices; il est l'intermédiaire du public auprès du directeur pour toutes les réclamations qui surgissent au cours des représentations.

Il est le chef immédiat de 3 sous-contrôleurs aux appointements de 1.000 à 1.800 francs et de 40 employés dont les traitements varient entre 300 et 700 francs.

Ces 40 employés ne sont occupés que dans la soirée.

PERSONNEL ARTISTE. — 1° *Artiste du chant.* — Le cahier des charges exige que la troupe d'opéra comprenne 20 artistes.

En fait, la troupe se compose de plus de 40 sujets, dont la rémunération échappe à toute règle.

Les appointements varient entre 30.000 et 150.000 francs.

2° *Artistes de la danse.* — Ce personnel est hiérarchisé.

Sans parler des premières danseuses dont le traitement peut s'élever jusqu'à 40 et même 50.000 francs, il comprend :

Pour les hommes :

10 ou 12 artistes danseurs, de.......	2 400 a 4 000 fr.
24 artistes du corps du ballet, de.....	1.000 à 1.800

Pour les dames :

24 danseuses dites sujets, de.........	2 500 à 8 000
18 — dites petits sujets, de ..	1.800 à 2 500
60 artistes du corps de ballet, de....	1 000 à 1.600

3° *Artistes de l'orchestre*. — L'orchestre est ainsi composé :

25 violons, 9 altos, 11 violoncelles, 9 contrebasses, 4 flûtes, 3 hautbois, 4 clarinettes, 5 bassons, 6 cors, 3 trompettes, 3 cornets à pistons, 4 trombones, 4 harpes.

Le minimum des appointements pour cette première catégorie d'artistes est 1.800 francs, le maximum 3.000 francs; les chefs de pupitre ou artistes jouant les soli touchent 3.600 francs.

La seconde catégorie comprend 1 ophicléide, 2 timbaliers, 1 grosse-caisse, 1 cymbalier, 1 tambour, 1 triangle.

Minimum d'appointements, 1.500 francs; maximum, 2.400 francs.

Un décret du 26 mars 1887 ayant prescrit la mise en liquidation de la caisse de retraite, instituée par les décrets des 14 mai 1856 et 15 octobre 1879, les artistes et employés faisant partie de l'Opéra postérieurement à 1887 n'acquièrent aucun droit à une pension.

*
* *

Personnel. — Comme à l'Opéra, le personnel est groupé à l'Opéra-Comique en trois catégories principales :

PERSONNEL ADMINISTRATIF. — Outre le directeur, il comprend :

1 administrateur, aux appointements de....	6.000 fr.
1 secrétaire général —	3.000
1 caissier, chargé de toute la comptabilité, aux appointements de.................	6.000

Personnel technique. — *Service de la scène :*

1 régisseur général, aux appointements de..   6.000 fr.
1 second régisseur   —   ..   3.000
1 souffleur   —   ..   2.000

Service du chant :

4 professeurs dits chefs du chant, au traitement de........................   3.000 à 5.000

Service de l'orchestre :

1 chef d'orchestre, aux appointements de....   15.000 fr.
1 second chef,   — 4.500
1 troisième chef,   — 3.000

Service de la danse :

1 maîtresse de ballet, aux appointements de.   2.400
1 régisseur de la danse   —   .   2.000

Service des chœurs :

1 chef des chœurs, au traitement de........   3.500
1 sous-chef,   — 2.000
2 régisseurs des chœurs, au traitement de..   1.200

Service des costumes :

1 chef d'atelier pour les costumes d'hommes,
au traitement de..... : 6.000
1 maîtresse couturière pour les femmes, au
traitement de............................ 3.000
40 ouvriers et ouvrières, au traitement de
1.000 à............................... 1.600

Service des décorations :

1 chef machiniste, aux appointements de... 3.500
1 sous-chef,   —   ... 3.000
1 maître menuisier,   —   ... 2.500
1 maître serrurier,   —   ... 2.500

Service du contrôle :

1 contrôleur en chef, aux appointements de. 1.500 fr.
6 sous-contrôleurs et inspecteurs, aux appointements de 400 à.................. 1.000

PERSONNEL ARTISTE. — *Artistes du chant.* — Ce personnel comprend environ 45 artistes, dont les appointements varient de 3.000 à 60.000 francs.

Artistes de l'orchestre. — 23 violons, 8 altos, 7 violoncelles, 7 contrebasses, 4 flûtes, 4 hautbois, 4 clarinettes, 4 bassons, 6 cors, 4 trompettes, 4 trombones, 2 harpes, 2 timbaliers, soit 80 musiciens, dont les appointements varient entre 1.200 et 2.400 francs.

Les chefs de pupitre touchent 3.600 francs.

Artistes de la danse :

```
2 premières danseuses, aux appointements
   de...................................................   2.200 fr.
8 danseuses, aux appointements de..   1.600 à 1.800
12 marcheuses,              —·      .........      500
```

Il n'y a ni caisse ni pension de retraite pour le personnel de l'Opéra-Comique.

.·.

Notre pépinière nationale d'acteurs comiques, dramatiques, tragi-comiques et de chanteurs, c'est le Conservatoire national de Musique et de Déclamation, situé à Paris faubourg Poissonnière.

On a tout dit sur cet Établissement, et les critiques recommencent tous les ans à propos des examens et des prix destinés aux lauréats.

Nous nous contenterons donc à son sujet d'une froide notice.

L'enseignement est gratuit au Conservatoire. Il n'y a que des élèves externes. Les classes sont faites dans l'intérieur du Conservatoire, de neuf heures du matin à quatre heures du soir; elles ont lieu trois fois par semaine et sont d'une durée de deux heures ; il y a exception pour les classes de composition musicale, qui n'ont lieu que deux fois par semaine.

On n'est admis que par voie d'*examen* (classes de solfège, d'harmonie, de composition et d'orgue) et de *concours* (classes de chant, de déclamation dramatique et d'instruments).

Les examens et les concours d'admission ont lieu, tous les ans, du 15 octobre au 15 novembre. Il n'y a qu'un concours pour chacune des matières de l'enseignement: chants, piano, violon, etc. Chacun de ces concours a lieu dans la huitaine qui suit la clôture des listes d'inscription.

Les aspirantes ou les aspirants doivent, à partir du 1er octobre, et cinq jours au moins avant la date fixée pour le concours d'admission, se présenter au Secrétariat pour faire leur demande d'inscription sur une formule spéciale et déposer un extrait, sur papier timbré, de leur acte de naissance, et un certificat de vaccination. Les aspirantes de nationalité étrangère sont tenues, en outre, de joindre à leur acte de naissance une traduction dudit acte, faite par un interprète-expert.

En se faisant inscrire, chaque aspirant aux classes de piano et de déclamation dramatique doit indiquer, sur sa formule de demande d'inscription, une liste des morceaux ou scènes qu'il propose pour son audition. Pour le piano, le nombre des morceaux à présenter est de trois. Pour la déclamation dramatique, la liste doit comprendre trois scènes d'ouvrages dramatiques différents, tragédie ou comédie, selon le genre auquel l'aspirant se destine, soit six scènes, s'ils se présentent pour les deux genres. Ces scènes ne peuvent être choisies que dans les ouvrages joués sur l'un des théâtres nationaux et dont la première représentation remonte au moins à dix ans.

Les épreuves du concours d'admission consistent :

1° Pour les classes d'instruments (à l'exception du piano), dans l'exécution d'un morceau, au choix de l'aspirant et la lecture à première vue d'un morceau de manuscrit, spécialement imposé;

2º Pour les classes de chant, de piano et de déclamation dramatique, en deux épreuves. Pour la première épreuve, l'aspirant fait entendre, savoir :

a) Pour les classes de chant : un morceau de son choix avec lecture à première vue d'un fragment manuscrit imposé ;

b) Pour les classes de piano : l'un des trois morceaux désignés lors de l'inscription (à son choix) et un morceau imposé, inédit, à exécuter à première vue ;

c) Pour les classes de déclamation dramatique : une scène à son choix — ou deux, s'il se présente à la fois en tragédie et en comédie, — comprise sur la liste donnée en s'inscrivant.

Les aspirants jugés admissibles sont seuls appelés à passer la seconde épreuve. Ils sont convoqués par lettres.

A cette seconde épreuve, le jury décide, pour les aspirants aux classes de piano et de déclamation dramatique, d'après la liste présentée par eux dans quels morceaux ou scène ils seront entendus à nouveau.

En dépit de la légende qui veut que le talent prenne au moins le comédien dès le berceau, s'il ne les conduit jusqu'à la tombe, le Conservatoire, qu'on dit d'ailleurs trop administratif, croit aux limites d'âge tout comme l'École Polytechnique. Il laisse pour compte aux professeurs des environs les vocations trop tendres ou trop mûres. Le tableau suivant est destiné à faire connaître les limites auxquelles il faut se contraindre pour acquérir sur les planches la gloire officielle.

CLASSES	AGE D'ADMISSION		NOMBRE		DURÉE
	MINIMUM au 1er octobre 1	MAXIMUM au 1er janvier 2	de CLASSES 3	MAXIMUM d'élèves par classe 4	MAXIMUM des études 5
	ans.	ans.			ans.
Solfège (instrumentistes) [hommes et femmes]..		13 (^{1})	12	»	4
Harmonie (hommes et femmes)	9	22	6	12	5
Accompagnement au piano (hommes et femmes).		»	1	12	»
Orgue et improvisation		»	1	12	»
Chant { Hommes	18	26	8	10	4
Chant { Femmes	17	23			
Piano		18	5	12	5
Piano (classes préparatoires) [hommes et femmes]		14	4		3
Harpes (hommes et femmes)		18	1		
Violon, alto		18	5		
Violoncelle		20	2		5
Contrebasse	9	22	1		
Violon (classes préparatoires)		14	2		
Flûte, hautbois, clarinette		18	1 par inst.	10	3
Basson, cor, cornet à piston, trompette, trombone		23	1	—	5
Déclamation dramatique { Hommes	16	24	6		3
Déclamation dramatique { Femmes	14	20			

1. Il est dérogé a cette regle en faveur des élèves suivant déjà une classe de chant ou d'instrument.

.˙.

Il est presque inutile de dire que le Conservatoire a des examens de fin d'année, le propre des comédiens, même à l'état de projet, étant de faire parler d'eux. Chaque année, les journaux quotidiens nous parlent des premiers prix et nous donnent les portraits des lauréats et lauréates.

Ils appartiennent dès lors à l'actualité ; ce qui leur permet d'attendre avec plus de patience qu'ils appartiennent à la postérité.

Ces gloires futures sont à réclamer, par les théâtres subventionnés aux prix suivant :

Opéra et Opera-Comique :

1re année..............................	5 000 fr.
2e annee.	7.000

Théâtre Français :

1re annee..............................	3.000
2e année	3.400

Odeon :

1re et 2e annee	2 400

Elles ne se forment point d'ailleurs sans le soin des pouvoirs publics. Euterpe et Melpomène leur recommandent même leurs nourrissons.

Ainsi douze pensions de 1.200 à 1.800 francs chacune sont attribuées par voie de concours aux élèves des deux sexes qui suivent les classes de chant et se destinent spécialement aux théâtres lyriques.

Dix pensions de 600 francs chacune sont attribuées également par voie de concours aux élèves des deux sexes qui suivent les cours de déclamation dramatique.

En dehors de ces encouragements administratifs, les lauréats de plusieurs sections bénéficient de primes qui leur sont allouées sur le revenu de quelques fondations particulières.

*
* *

Le Conservatoire exploite d'ailleurs dans les départements. Il a des succursales à Dijon, Lyon, Nancy, Nantes, Rennes et Toulouse. Il existe, en outre, dix-huit écoles nationales de musique et de déclamation. Elles sont établies à Aix, Amiens, Angoulême, Bayonne, Boulogne-sur-Mer, Caen, Cette, Chambéry, Digne, Douai, le Mans, Montpellier, Nîmes, Perpignan, Roubaix, Saint-Omer, Tours et Valenciennes. Tout ce personnel de professeurs et d'élèves a le plus souvent les yeux tournés vers Paris en quête des gloires et des déboires que nous venons de dire.

Le traitement du directeur dans les succursales du Conservatoire, nommé par le Ministre, sur la proposition du préfet et après avis du maire varie entre 2.000 et 5.000 francs; celui du secrétaire entre 600 et 2.000; ceux des professeurs entre 600 et 2.400.

Au Conservatoire de Paris, outre un personnel assez nombreux, le directeur jouit d'un traitement de 10.000 francs, les professeurs titulaires d'un traitement 1.500 à 2.400 francs, et les professeurs agrégés d'un traitement de 600 à 1.200 francs.

* *

A la fin de cette étude sur les artistes dramatiques nous ne voudrions pas qu'on se méprît sur la sévérité avec laquelle nous avons apprécié leur profession. Nous n'en oublions ni le haut agrément, ni, si l'on y tient, la valeur sociale. Nous reconnaissons qu'elle exige, outre des dons physiques, beaucoup de sensibilité et d'intelligence. Et précisément parce que ces qualités sont fort rarement réunies chez un seul homme et qu'absentes elles sont immédiatement remplacées par le travers de la vanité chez celui qui les croit posséder, nous avons voulu mettre en garde les jeunes gens contre trop de prétendues vocations d'artistes dramatiques. Nous nous y sommes cru d'autant mieux obligés qu'une carrière artistique manquée fait plus sûrement un inutile que tout autre carrière avortée.

On peut s'être destiné au barreau jusqu'à vingt-cinq ans et devenir un bon commerçant ou un habile industriel. Après avoir porté l'uniforme, il est possible de devenir diplomate. Mais un artiste dramatique manqué reste tel, toute sa vie, sans s'en apercevoir et fait, jusqu'à la mort, tous ses efforts pour être artiste dramatique. On dirait d'un boiteux qui, ne connaissant pas son infirmité, passerait son temps à s'entraîner pour des courses à pied, et à parler à tout le monde de son entraînement.

L'amour des planches est comme toutes les grandes

passions; on n'en revient pas; on s'y accroche désespé-
rément.

Voilà pourquoi, comme les moralistes, nous *maximerions*
volontiers nos préceptes à propos des artistes. Les moralistes disent: « Il ne faut jamais mentir », sachant bien
qu'il faut quelquefois mentir, parce qu'ils sont assurés
qu'on mentira toujours assez et trop. Nous dirions volontiers: « Il ne faut pas se destiner à la carrière dramatique »,
persuadés que cet art comptera toujours trop d'apprentis,
c'est-à-dire trop de candidats à la misère morale et physique.

Et, à poser, enfin, une telle affirmation, risquerions-nous
de priver le pays d'un véritable artiste pour le débarrasser
de cent autres qui ne seront jamais que des cabotins, que
nous serions loin de la regretter.

Nous aurons toujours assez de comédiens à une époque
où l'on s'efforcerait volontiers de nous déprécier en nous
prenant pour les baladins du monde.

LES PROFESSEURS LIBRES

Voici encore une carrière qu'il ne faut plus aborder qu'avec la plus grande circonspection, tant dans l'enseignement primaire que dans l'enseignement secondaire.

Des écoles primaires ou primaires supérieures libres, même laïques, il ne faudra bientôt plus parler. La loi sur la gratuité de l'enseignement leur a porté un coup fatal. Et tout ce qu'ont pu faire jusqu'à présent les plus prospères, ç'a été de soutenir, avec des subventions privées, la concurrence contre l'enseignement public. Il ne saurait donc plus être question, actuellement, pour un jeune homme, de reprendre une école primaire libre, même si sa réputation, sa clientèle actuelle, l'attachement de deux ou trois générations lui font encore une certaine prospérité. Cette prospérité n'est pas viable. Et le malheureux directeur d'une école libre se condamnerait à en voir la fin.

Peut-être y aurait-il lieu cependant de faire pour Paris quelques exceptions. On y cite en effet quelques établissements d'enseignement primaire libre qui sont assez prospères. Mais Paris n'est pas la France, et en admettant que cinquante professeurs libres de ces institutions aient une situation supportable, nous croyons écrire une exagération.

Quant aux établissements d'enseignement secondaire libres qui ont de la vitalité pour le présent et pour l'avenir, on les compterait facilement en France et à Paris sans dépasser la dizaine. Il serait prématuré maintenant de fonder des établissements de ce genre, et en réalité il ne s'en fonde plus.

Par suite, très rares, plus rares que dans l'enseignement primaire sont les professeurs qui vivent de l'enseignement secondaire libre. Les places y sont prises et retenues à l'avance, et les directeurs des institutions prospères, surtout à Paris, n'ont pas de peine à recruter un personnel enseignant qui vaille celui des établissements de l'État.

C'est donc pour un jeune homme s'engager sur une barque peu sûre, la plupart du temps, que d'entrer dans l'enseignement secondaire libre. S'il est bachelier, et qu'il ne puisse continuer ses études, il fera mieux de chercher dans le commerce ou dans l'industrie quelque emploi qui sera moins payé au début, mais où il aura des chances de montrer une initiative qui lui sera utile. S'il est licencié ès lettres ou ès sciences et qu'il ne puisse poursuivre ses études en vue de l'agrégation, qu'il agisse de même et qu'il ne prenne pas l'enseignement libre comme position d'attente. Il aura trop de chance de s'y enliser et d'user dans une tâche ingrate l'activité de ses vingt-cinq ans.

TITRE VIII

LA FEMME

DANS LES

CARRIÈRES LIBÉRALES

TITRE VIII

LA FEMME

DANS LES CARRIÈRES LIBÉRALES

La statistique nous apprend qu'il n'est guère actuellement, en France, de situations sociales auxquelles les femmes soient étrangères.

Ainsi, nous les trouvons occupées aux travaux des forêts et de l'agriculture : d'après le recensement de 1896, 2.754.593 femmes s'adonnent à ces emplois, tant comme directrices d'exploitation que comme ouvrières. Celles-ci touchent des salaires journaliers qui vont de 2 fr. 01, en moyenne, dans le département de la Seine, à 0 fr. 90 dans le Morbihan.

Près de 6.000 femmes se livrent aux travaux de la pêche ou à ceux qui les touchent de près, comme l'ostréiculture, la préparation des conserves et l'emballage du poisson frais. Le métier de la pêche peut rapporter, dans la saison, aux femmes ouvrières, de 4 à 5 francs par jour. Mais il compte beaucoup de morte saison.

Constatation à laquelle on s'attend peu, le nombre des femmes employées dans l'industrie est moindre que celui des femmes agriculteurs. On compte en effet, d'après le dernier recensement, moins de deux millions de femmes employées dans l'industrie. C'est, du reste, déjà un nombre assez respectable, d'autant plus que les femmes s'y rencontrent dans les métiers les plus pénibles, tels que l'industrie du fer et de l'acier (2.000 environ), les travaux de terrassements (2.500), les carrières (1.500). Dans l'industrie, les salaires les plus élevés qui aient été relevés par l'enquête de l'Office du Travail appartiennent aux ouvrières en pierres précieuses qui touchent une moyenne de 5 fr. 15 par jour en province et de 9 fr. 25 à Paris. Viennent ensuite les ouvrières d'imprimerie avec une moyenne de 2 fr. 15 en province et de 3 fr. 40 à Paris. Les ouvrières de la construction et des carrières arrivent les dernières avec des salaires moyens de 1 fr. 15 et 1 fr.; encore ne les trouve-t-on pas à Paris et seulement dans quelques départements.

Le service domestique compte près de 800.000 femmes, en regard de 180.000 hommes seulement. Leur salaire moyen est de 30 à 35 francs par mois. Il faut noter d'ailleurs que les femmes de chambre et les cuisinières obtiennent des salaires qui atteignent 100 francs par mois. A ces salaires il convient d'ajouter la nourriture et, dans presque tous les cas, le logement.

Il y a actuellement, en France, 60.000 femmes employées dans le commerce, parmi lesquelles on trouve plus de patronnes que d'employées. Il est juste d'ailleurs de constater que, dans bien des cas où la raison sociale est au nom du mari, la femme n'est pas moins l'âme de la maison de commerce.

Les employées de commerce peuvent se diviser en trois catégories : les *vendeuses*, auxquelles il convient d'ajouter pour les magasins de mode : les premières et les essayeuses ; les *caissières comptables*, les *femmes employées aux écritures*, sténographes et sténodactylographes. La situation des vendeuses va de 300 francs par mois dans les grands magasins, tels que le Louvre et le Bon Marché, à 75 francs dans les petits magasins de Paris et de la province. Certaines premières dans des magasins de couture et de nouveauté atteignent même 500 francs par mois. La moyenne du salaire des caissières, comptables et dactylographes est de 150 francs. Toutes les employées de commerce trouvent dans les écoles pratiques de commerce et d'industrie une excellente préparation.

Cent cinquante mille femmes sont employées à titre de subalternes aux travaux de manutention et de transport, tels que la distribution, l'emballage, l'expédition des marchandises, voire même le déchargement des bateaux. Elles touchent un salaire quotidien de 1 fr. 50 par jour.

Les grandes entreprises de transport, telles que les chemins de fer, les services d'omnibus et de tramways, se montrent assez parcimonieuses dans les situations qu'elles accordent aux femmes. Elles les maintiennent dans de petits emplois de comptabilité, d'écriture ou de distribution de billets, qui ne dépassent pas 3 à 4 francs par jour. Les travaux des femmes dans les banques se restreignent également aux services des coupons et de l'expédition et ne dépassent guère 5 francs par jour.

Le mouvement féministe ne s'arrête pas aux professions manuelles, et peu à peu les femmes se font une place dans les carrières administratives. Elles tentent même depuis quelques années les professions libérales.

Que faut-il penser de cet effort collectif ? Moins de bien qu'on pourrait le croire. Les minces succès remportés par les femmes à la poursuite des carrières masculines montrent bien que, pour elles, le travail en dehors du foyer n'est qu'un pis-aller. Il faut sans doute ne pas entraver ce travail pour qu'en puissent profiter celles qui y sont contraintes. Mais il ne faut pas l'encourager, d'une façon absolue et générale. Car la femme a plus à perdre qu'à gagner, en se faisant la concurrente de l'homme.

*
* *

Dans notre livre sur *Les carrières de la Jeune Fille* nous aurions volontiers exprimé cette opinion si nous n'avions craint qu'elle parût en contradiction avec le livre lui-même[1].

Nous venons de voir que, pour les professions manuelles, la femme est plus souvent le bras qui exécute que la tête qui dirige.

Quant aux carrières administratives qui ne sont ouvertes

1. A propos des *Carrières de la jeune fille*, Mᵐᵉ Arvède Barine écrivait dans le *Journal des Debats* du 6 janvier 1904 :

« Le livre de M. Paul Bastien sur *les Carrières de la jeune fille* n'est pas une œuvre de parti. C'est un excellent répertoire de renseignements à l'usage des jeunes Françaises qui ont à gagner leur pain. Première partie : les écoles en tous genres, qui leur sont ouvertes, les parchemins qu'elles peuvent y conquérir, la durée des etudes et les frais a supporter ; seconde partie : les carrières auxquelles les parchemins officiels donnent accès et ce qu'on y gagne. Plus quelques lignes, à titre de comparaison, sur la « caraux femmes que d'hier, comme le dit le distingué écrivain que nous venons de citer, elles sont déjà aussi encombrées que celles de l'autre sexe, soit parce que la femme s'y heurte à la concurrence de l'homme, soit parce que le nombre des filles de la bourgeoisie qui cherchent à se créer une indépendance ne cesse de s'accroître, sous la pression de plus en plus forte de la nécessité. L'âpreté de la lutte a pour conséquence que celles qui ont réussi (groupe infime en comparaison du flot des aspirantes) représentent une somme énorme d'efforts et d'intelligence. Elles sont l'élite d'une élite. Il ne faut jamais l'oublier en examinant ce que sont au juste, matériellement et aussi moralement, les situations conquises avec tant de peine. « Avoir réussi » : que se cache-t-il sous ces mots magiques pour la jeune fille d'aujourd'hui ? »

Les femmes seront-elles plus heureuses avec les carrières libérales que nous étudierons, par rapport à elles, dans ce chapitre ? Ce n'est pas notre avis et il ne semble pas qu'elles y soient appelées à un brillant avenir. En raison de la longueur et de la cherté des études qu'elles imposent, il semble bien que les carrières libérales ne puissent être briguées que par une très rare élite de jeunes filles.

Encore celles-ci, une fois en possession des titres qui leur accordent le droit d'exercer les carrières libérales, ne sont-elles pas assurées d'en retirer de grands avantages.

rieie » des grands magasins et sur deux ou trois autres où les diplômes sont également inutiles. Tout cela sans réflexions oiseuses, sans un mot de plus que ne l'exige le programme que l'auteur s'était tracé. M. Paul Bastien a probablement son opinion sur le féminisme ; on arrive au bout de ses 391 pages sans l'avoir devinée. »

En toute franchise, nous venons, croyons-nous, de réparer cette lacune volontaire.

Du reste, mettons les choses au mieux : admettons que la constitution physiologique de la femme ne la rende pas inférieure à l'homme dans les combats de la vie ; admettons que, tout compte fait, la mentalité féminine vaille la masculine, il n'en reste pas moins que les hommes se tirent péniblement d'affaires dans les carrières libérales.

Comment, dès lors, les femmes espéreraient-elles y réussir.

Ceci nous amène à penser qu'avant de se demander si les femmes ont le droit comme les hommes à l'exercice des carrières libérales, les féministes devraient bien se demander s'il est habile pour le sexe faible de s'y engager.

D'honorables exceptions mises à part, cette habileté est contestable. La recherche du diplôme, les frais d'études, l'exercice de la profession nous semblent des obstacles insurmontables à une femme moyenne.

Fonctionnaire, passe encore ! Mais avocat, médecin, etc., c'est bien pénible et bien aléatoire pour une femme.

A toutes nos futures doctoresses, nous souhaitons un bon mari qui leur fera oublier le chemin de la faculté, aura des grades pour elles et les en fera profiter.

Le mariage, c'est encore ce qu'on a trouvé de mieux comme carrière féminine et, après tout, c'est la plus abordable. La preuve en est que, pour longtemps encore, on comptera plus de femmes mariées que de femmes diplômées.

LES FEMMES ARCHITECTES

Les femmes architectes? Mais parfaitement, Mademoiselle. Il n'y a là rien de trop paradoxal, rien qui puisse vous étonner ou vous effrayer dès l'instant que vous cherchez une carrière indépendante. Et de ce qu'il n'y a pas eu jusqu'ici en France de femmes architectes, ce n'est pas une raison pour qu'il n'y en ait jamais.

Il y en a bien en Amérique.

Entendons-nous, pourtant. Les architectes américaines, ont laissé à leurs confrères hommes le gros œuvre de la construction. Elles ont vite compris qu'elles auraient bien des chances d'y être inférieures, ne serait-ce que pour monter sur les toits et surveiller les travaux des entrepreneurs.

Mais elles n'ont pas moins bien compris qu'à côté de l'architecte qui construit, ou plutôt qui fait construire, il y a l'architecte qui décore et qui meuble les habitations.

Or meubler, décorer, donner à un appartement un joli aspect d'élégance, de confortable et d'intimité, n'est-ce point là une tâche pour laquelle, Mesdemoiselles, vous semblez plus aptes que vos confrères hommes, d'abord parce que vous êtes des femmes et surtout parce que vous êtes des Françaises.

Les détails d'organisation d'une maison échappent souvent aux architectes. Préoccupés de son aspect extérieur, ils en négligent un peu l'intérieur. L'aimable tâche, en vérité pour une femme, que d'organiser, dans un intérieur, la vie, la joie, la lumière! Il y a le jardin à dessiner aussi, devant la maison, où la femme architecte pourra faire valoir ses qualités de charme et d'originalité.

Dans la décoration, dans l'horticulture, dans le dessin industriel, il est bien des professions où les femmes pourraient remplacer avantageusement les hommes. Seulement elles ne les connaissent pas où ne veulent pas les connaître. La routine, la fâcheuse routine, a déjà paralysé les efforts qu'elles tentent pour se faire leur place au soleil. Un peu comme les moutons de Panurge, elles ont suivi les premières qui aient montré la route: les professeurs. Elles se sont jetées sur les carrières à diplômes, sur les carrières administratives. Il en est vite résulté un encombrement dont elles se plaignent déjà, où elles se heurtent les unes aux autres et surtout à la redoutable concurrence de l'homme. Il faut que les femmes cherchent ailleurs, en dehors des sentiers déjà trop battus.

Entendue comme nous venons de l'expliquer, la profession d'architecte peut être essayée par les femmes. A propos des jeunes gens, nous avons dit comment on y arrive.

Bien que la profession soit libre et qu'on puisse l'exercer sans diplôme, elle exige de sérieuses études. En sortant de l'école primaire supérieure, une jeune fille bien douée pour le dessin peut entrer à l'École des Beaux-Arts de la ville où elle habite. S'il n'en existe pas dans cette ville, la situation devient bien difficile à poursuivre pour elle. A l'Ecole des Beaux-Arts, elle peut acquérir jusqu'à dix-huit ans toutes les connaissances qui seront nécessaires à sa future profession. Elle y pourra recevoir même un diplôme d'architecte. Car, depuis l'année dernière, les Écoles des Beaux-Arts des départements partagent avec celle de Paris le droit de délivrer des diplômes d'architecte du Gouvernement. A côté des Écoles des Beaux-Arts, il y a des Ecoles d'Arts Décoratifs, et de Dessin Industriel, qui seront utiles aussi à la future architecte.

Une fois instruite en son art, que la jeune fille fasse alors comme ses confrères hommes. Qu'elle se cherche du travail, par ses relations, par ses démarches, par son activité personnelle. Ce ne sera pas commode tous les jours, sans doute ; mais, en se créant une spécialité bien définie, pourquoi la femme architecte n'arriverait-elle pas à gagner sa vie aussi difficilement que ses confrères ?

LES FEMMES AU BARREAU

De renseignements pris à différentes sources, il ne me revient pas, Mesdemoiselles, que le barreau soit pour vous la bonne carrière, même de demain.

Pour ce qui est d'aujourd'hui, vous êtes à peine deux ou trois — *raræ nantes* — qui ayez abordé la barre. Voici pourtant déjà quinze ans (la loi est de décembre 1889) que vous est ouverte la profession d'avocat.

Serait-ce que, sur ce terrain, vous n'auriez pas à revendiquer la moindre spécialité? Peut-être bien. C'est, en tout cas, mon avis. Je ne vois pas qu'on puisse ici, comme en médecine, vous réserver, seulement même vous attribuer, un petit coin où vous seriez plus particulièrement chez vous, où il vous serait possible de vous défendre contre les empiètements des confrères.

Les faiblesses féminines? Avouons que ce serait vous faire la part très large. Mais c'est retenu par ces Messieurs. En tant qu'hommes, ils s'y entendent, pour en pâtir de temps en temps. Du divorce au crime passionnel, en passant par l'innocente séparation de corps et de biens, les hommes sont toujours de l'aventure quand elle se produit. Et les avocats profitent de la situation. Ils refont, à leur avantage, le vers du poète. « Je suis homme, disent-ils, et rien de ce qui intéresse les femmes ne m'est étranger. »

Je ne crois pas d'ailleurs que les qualités réclamées des défenseurs de la veuve et de l'orphelin soient de celles où les femmes aient au moins la chance d'égaler les hommes.

La logique, l'art des raisonnements serrés, pressants, le rapprochement des textes de loi pour des conclusions foudroyantes ou le développement organisé et magistral des belles preuves! Je ne dis pas que beaucoup d'hommes, voire d'avocats y réussissent. Mais ce n'est pas en tout cas la note dominante de l'esprit féminin.

A lui, l'intuition qui atteint la vérité sans raisonnement, qui bondit sur elle sans les embarras des arguments. Mais l'intuition n'est guère persuasive, encore moins convaincante. Même mise en belles phrases, c'est une monnaie d'éloquence qui n'a pas cours dans les prétoires.

Ne regrettez rien, d'ailleurs. La carrière n'est pas bonne.

Que vous arriviez sans peine au baccalauréat et à cette licence de droit qui vous vaudra la toge bordée d'hermine, je suis loin d'y contredire. Mais il y a loin de la coupe aux lèvres et du droit de plaider à la clientèle.

Sur 100 de vos confrères, lisez bien ceci, 80 n'ont pas l'occasion d'éprouver leur éloquence; une quinzaine gagnent de quoi ne pas mourir de faim. Les cinq autres réussissent.

Et comment leur arrive le succès? D'abord par la conférence des avocats où ils se distinguent pendant leur stage. Or vous n'avez guère de chances d'y être remarquées.

Ces favorisés se poussent aussi en s'attachant comme secrétaires à des avocats en renom. Mais vous pensez bien que ceux-ci ne vous choisiront pas.

Donc, à mon humble avis, rien à faire pour vous au barreau, Mesdemoiselles.

C'était peut-être une gageure, du reste, d'espérer le contraire.

LES FEMMES MÉDECINS

De toutes les situations libéiales, c'est la médecine qui semble avoir le plus séduit les femmes. Elles sont bien 150 qui exercent en France actuellement. Paris en compte une centaine pour lui seul. Les femmes médecins ont généialement pour spécialité les accouchements, les maladies des femmes et des enfants. Au-dessous d'elles ou à côté, si l'on veut, plaçons une vingtaine de dentistes, trois ou quatre phaimaciennes (pourquoi pas plus, viaiment, dans une situation qui demande de la précision et du tour de main), enfin l'armée plus compacte des sages-femmes (14.000 environ) et des herboiistes (700 environ).

A ceux ou celles qui se plaindraient que les femmes médecins exercent leur art avec trop de modestie et qu'elles ne paraissent guère orientées vers la recherche scientifique, nous dirons qu'elles sont une centaine seulement et qu'elles n'ont pas atteint la moyenne nécessaire pour avoir leur *vraie savante* (Et vous, Messieurs, trouvez-nous un Claude Bernard par chaque centaine de médecins). Sur les frontières de la science médicale, il y a d'ailleurs Mme Curie.

En outre, il faut constater que, chaque année, les jeunes filles qui étudient la médecine se font la place de plus en plus belle parmi les fonctions officielles. Plus studieuses souvent que leurs jeunes camarades, elles leur enlèvent de haute lutte un bon nombre de places d'internes et d'externes dans les hôpitaux. Cette année, aux derniers concours ouverts par l'Administration de l'Assistance publique, trois jeunes filles étaient nommées internes et seize arrivaient à l'externat.

Ceci est de bon augure et nous permet de présager que les jeunes filles trouveront dans l'exercice de la médecine un utile emploi de leur activité. Les études médicales sont d'ailleurs de celles qui leur conviennent le mieux. Elles exigent beaucoup de mémoire et beaucoup de doigté, qualités où les femmes sont au moins égales aux hommes. En ce qui concerne la clientèle, il semble que, notamment pour les menus soins à donner aux femmes et aux enfants, elle soit toute trouvée pour nos futures doctoresses.

Elles ont d'ailleurs pour longtemps des places à prendre sans que, raisonnablement, les confrères leur reprochent d'empiéter. Elles sont actuellement une centaine, comme nous l'avons dit, contre plus de 15.000 médecins.

Par contre, si elles sont rares, les femmes médecins ne semblent pas appartenir à ce qu'on appelle volontiers le *prolétariat intellectuel.* D'une enquête sur cette matière réunie en volume par la *Revue des Revues* et que nous avons déjà citée, il résulterait qu'en France, sur 13.000 médecins en exercice, 5 à 6 gagnent de 2 à 300.000 francs par an ; 10 à 15, de 100 à 150.000 francs ; 190, de 40 à 60.000 francs ; 300, de 15 à 30.000 francs ; 800, de 8 à 15.000 francs ; 12.000, au-dessous de 8.000 francs. Nulle femme médecin n'est à ranger dans les premières catégories, mais on en cite à Paris qui gagnent facilement une dizaine de mille francs. Et l'on n'en cite nulle part qui végètent misérablement, comme beaucoup de leurs confrères hommes.

Il y a peut-être à cela une bonne raison, c'est qu'un diplôme de doctoresse est une dot que ne méprisent pas les confrères et que beaucoup de femmes docteurs sont mariées à des médecins.

C'est sans doute que, pour une jeune fille, la meilleure situation sociale est encore de trouver un mari. Voilà, en tout cas, une jolie façon de supprimer la concurrence.

POURQUOI PAS PHARMACIENNES?

On se le demande vraiment, en constatant qu'il n'y a pas en France plus de quatre ou cinq pharmaciennes (une à Paris, deux à Montpellier, une au Cannet) et qu'il n'y a rien, pourtant, dans l'exercice de la pharmacie qui l'empêche de devenir une carrière bien féminine.

Les *études préparatoires*, d'abord, ne sont ni plus longues ni plus ardues que celles de droit ou de médecine. Le contraire, plutôt, serait vrai.

Un baccalauréat d'abord; car il n'y a plus de pharmaciens de 2° classe.

Ensuite trois années de stage, chez un pharmacien en exercice. Ce ne sont pas trois années très dures, et dans les campagnes, notamment, les stagiaires en gardent bon souvenir. Le stage ne prendrait pas du reste toutes les journées de la future pharmacienne. Il lui resterait du temps pour faire de la broderie, du piano et des visites. Pour peu que le *patron* soit aimable (et que ne ferait-on pour une dame, même pour une future concurrente), deux ou trois jours de présence par semaine suffiront pour obtenir la *validation*.

Les épreuves de ce premier examen sont toutes pratiques. Elles comprennent la préparation d'un médicament inscrit au Codex, une préparation magistrale (ne pas s'effrayer et lire : préparation d'une potion), la détermination de trente plantes ou parties de plantes appartenant à la matière médicale et de dix médicaments composés.

Avec l'École de pharmacie, les affaires sérieuses commencent. On y doit prendre douze inscriptions réparties sur trois années, pendant lesquelles il faut vivre à ses frais, à moins qu'on habite dans la ville même de l'école.

Vingt-trois villes en France se partagent l'honneur de posséder une école de pharmacie : Paris, Montpellier, Nancy, Bordeaux, Lille, Lyon, Toulouse, Alger, Marseille, Nantes, Rennes, Amiens, Angers, Besançon, Caen, Clermont, Dijon, Grenoble, Limoges, Poitiers, Reims, Rouen, Tours.

Les études de ces trois années sont de celles qui conviennent fort bien à l'esprit féminin. La chimie est surtout une science de mémoire quand on ne se charge pas de la développer. Avec un peu d'imagination, la toxicologie donnera parfois la petite fièvre et pimentera les études. La micrographie semble faite pour des yeux féminins. Enfin ce seront seulement d'humbles plantes que nos futures pharmaciennes trouveront étendues dans leurs laboratoires, d'humbles plantes qui mourront en beauté sous leurs entailles précises, sans qu'il leur soit utile (aux pharmaciennes) comme il arrive à leurs collègues de médecine, de fortifier avant les travaux pratiques leur pudeur ou leur sensibilité.

Coût des trois années, inscriptions et frais d'examens, 1.445 francs. En défalquant de cette somme 560 francs pour les inscriptions dont on peut à la rigueur obtenir la gratuité, il reste 885 francs qu'il est de toute nécessité d'imputer à un budget quelconque.

Ses études faites et la jeune pharmacienne reconnue officiellement digne de porter le tablier de lustrine verte qui est, comme chacun sait, l'insigne de la profession, il ne lui reste plus qu'à acheter un fonds (la pharmacie étant à la fois une science et un commerce) et à s'y enrichir.

Pour cette fin, la pharmacienne aura tout au moins autant de moyens que son concurrent. Essentiellement sédentaire, sa profession ne lui demandera pas une dépense excessive de forces physiques. Faites de minutie, de précision et de patience, ses occupations ne réclameront d'elle que les qualités qui lui sont le plus naturelles. Enfin il ne faut pas oublier que l'officine est souvent, surtout à la campagne, l'antichambre du cabinet du médecin : on y donne les petits conseils, les petits pansements préliminaires. Et pour ces menues tâches de délicatesse et de doigté, la femme plus encore que l'homme me paraît désignée.

Il n'empêche, me direz-vous, Mesdemoiselles, que pour une situation fortement recommandée, ça n'est pas brillant. C'est six ans d'études, 1.000 francs de frais de scolarité, au bas mot, et pour finir... le fonds à acheter...

Je n'y contredis pas. Mais il n'est point de situation libérale accessible sans argent. A côté de celui-ci, les titres sont peu de chose. Et les femmes comme les hommes, si elles s'y exposent, subissent la loi d'airain.

LES FEMMES DENTISTES

C'est encore une profession vers laquelle semblent s'orienter les jeunes filles inquiètes d'activité indépendante. Moins recherchée au début du féminisme que la carrière médicale (on compte en France une trentaine de femmes dentistes, dont plus de vingt à Paris) elle semble gagner depuis quelques années la faveur de nos étudiantes. Et si toutes celles qui s'y préparent actuellement arrivent au terme de leurs ambitions, s'installent et réussissent, ce n'est pas moins de 300 femmes dentistes dont la France devra se réjouir, d'ici très peu de temps.

A vrai dire, il n'y a pas de raison pour que les femmes dentistes ne réussissent pas aussi bien ou aussi mal que les collègues. Tout porte même à croire qu'avec les progrès de l'hygiène, les cliniques dentaires seront de plus en plus fréquentées par les classes ouvrières et rurales qui les avaient ignorées jusqu'ici et que la clientèle des dentistes s'élargira.

Mais il n'y a aucune raison, non plus, pour que les femmes dentistes réussissent mieux que les concurrents. La profession n'a rien de particulièrement féminin, même en ce qui concerne les soins à donner aux femmes et aux enfants. Et nous ne voyons pas que la femme dentiste puisse se recruter une clientèle qui lui soit particulière.

Quant aux qualités qu'exige la profession nous avons dit à propos des dentistes hommes qu'elles devaient être surtout la science, l'autorité, et le tour demain.

Passe pour la science et le tour de main. Il n'y a pas de raison pour que la dentiste n'en ait pas au temps que son confrère. Mais pour la fermeté, l'autorité, sera-t-elle aussi bien partagée sous ce rapport?

Il y a aussi l'extraction des dents qui réclame une poigne solide. Quelques femmes n'en manquent pas, sans doute. Pourtant le féminisme ne peut guère nous obliger à dire qu'à ce point de vue du moins, l'homme n'a pas gardé sa petite supériorité.

Une jolie main, finement attachée c'est agréable, sans doute, à regarder, mais sans davier au bout et — en fait d'opérations dentaires, du moins — j'aurais encore plus de confiance dans la main du collègue, moins blanche, mais plus solide.

Affaire d'appréciation peut-être dont nous ne voudrions pas discuter plus longtemps.

*
* *

La carrière de médecin-dentiste sera peut-être plus recherchée des femmes parce que le baccalauréat n'y est pas nécessaire. Un certificat d'études primaires supérieures ou un certificat d'études déclaré par le recteur après examen subi au chef-lieu des Académies est suffisant.

Ce dernier certificat d'études est l'ancien certificat de grammaire qu'on délivrait jadis après la classe de quatrième.

L'examen comprend des épreuves écrites et des épreuves orales.

Les *épreuves écrites* sont : 1° une composition française sur un sujet simple (lettre, récit, etc.); 2° une version latine de la force de la classe de quatrième de l'enseignement secondaire classique; ou, au choix du candidat une version de langue vivante (allemand, anglais, italien ou espagnol) de la force de la classe de troisième de l'enseignement secondaire moderne.

Les épreuves écrites sont éliminatoires.

Les sujets et textes de la composition sont donnés par le jury.

Il est accordé trois heures pour la composition française et deux heures pour la version.

Les *épreuves orales* sont :

L'explication d'un texte français tiré des auteurs français prescrits dans la division de grammaire de l'enseignement secondaire classique ou dans les quatre premières années de l'enseignement secondaire moderne (sixième, cinquième, quatrième et troisième);

Une interrogation sur les éléments de l'arithmétique, de la géométrie et de l'algèbre, d'après les programmes des quatre premières années de l'enseignement secondaire moderne;

Une interrogation sur les éléments de la physique et de la chimie, d'après les programmes de la classe de troisième de l'enseignement secondaire moderne ;

Une interrogation sur les éléments de l'histoire naturelle,

d'après les programmes des classes de sixième et de cinquième de l'enseignement secondaire moderne.

Pour chacune de ces interrogations, il est proposé au candidat trois sujets différents entre lesquels il a le droit de choisir.

CONCLUSION

CONCLUSION

Plusieurs conséquences semblent devoir se dégager de l'étude des carrières dites libérales, et nous allons successivement les passer en revue.

Tout d'abord, les carrières que nous avons dénommées libérales et qui, sans être administratives, ne reposent ni sur des travaux manuels ni sur la propriété d'un commerce ou d'une industrie, nous paraissent pouvoir être divisées en deux catégories.

D'une part, nous réunirons celles des professions libérales qui nécessitent des études, le plus souvent supérieures et que l'on n'obtient, ces études faites, que vers la vingt-cinquième année. De ce nombre se trouvent, par exemple, les professions d'avocat, de médecin, d'avoué, de pharmacien.

D'autre part, nous rangerons ensemble les professions libérales qui ne nécessitent que des études primaires supérieures et qu'on peut exercer dès la dix-huitième année. Parmi celles-ci se trouvent toutes les situations qui relèvent des affaires, de l'industrie, des sciences appliquées, etc.

Nous ne conseillerons qu'avec beaucoup de réserves la première catégorie des professions libérales. Ce sont en effet de vieilles professions qui se sont conservées intactes à travers les âges, mais dont notre évolution sociale diminue chaque jour les avantages. Ainsi les familles se passent de plus en plus des notaires; la médecine se subdivise en spécialités. La pharmacie tourne à la spéculation. On se plaint des frais et des lenteurs qu'entraîne la procédure, et chaque jour la suppression des charges d'avoués est remise en question. Les plus récentes mêmes de ces situations libérales ne semblent pas enviables. Les dentistes sont trop nombreux, les vétérinaires sont souvent dépassés par les empiriques. Les architectes sont vingt pour construire une maison et les artistes, plus nombreux encore pour couvrir une toile qui n'est pas à faire.

Quant aux comédiens, aux compositeurs, aux hommes de lettres, il n'y a plus guère qu'eux qui ne s'accordent pas à penser qu'ils ont quatre-vingts chances sur cent d'avoir choisi des métiers de misère, des tâches au bout desquelles on risque toujours de devenir fou ou de mourir de faim.

Dans de telles carrières, un jeune homme ne doit s'engager qu'avec le triple appoint de l'argent, de relations sûres, et de dispositions remarquées dès la dix-huitième année, non par un entourage facile comme celui de sa famille ou, ce qui est plus grave, des amis de sa famille, mais par des juges sévères.

*

L'argent, d'abord! Et c'est sans hésitation que nous écrivons ce mot, en grosses lettres, que nous indiquons l'argent comme une condition essentielle pour réussir dans de telles situations libérales. Le veau d'or est toujours debout.

Il n'y a pas de talent qui puisse percer s'il n'est servi par l'argent. Un jeune médecin qui n'a pas d'argent et qui est bourré de talent, fait des remplacements, se distingue pour les autres, mais ne se recrute pas de clientèle. Un avocat qui parle comme Démosthène, qui sait plus de droit que n'en savait Justinien quitte vite le Palais parce qu'il n'a pas d'argent et qu'il faut vivre et que, pour assurer son souper et son gîte, il lui faut faire autre chose.

Un comédien — mais ne parlons pas des comédiens, gens d'élite à qui suffit l'image de la gloire.

Eût-on, dans la tête, voire même dessiné sur le papier, le plan d'une construction dix fois plus haute que celle de M. Eiffel, et qui pourrait pencher comme la tour de Pise et qui pourrait même encore se tenir sur la pointe, tout en penchant, il faut rentrer tout cela, dans sa table de travail, et vérifier des mémoires d'entrepreneurs pour le compte d'un architecte, si l'on n'a pas d'argent.

L'argent, la génération qui arrive actuellement à la vie active commence à en retrouver la vraie valeur et la puissance, après les déboires des aînés. Elle finit par comprendre que le talent et le savoir ne sont que deux conditions de la réussite, mais n'en sont pas toutes les conditions, et que rien n'y peut faire, ni la bonne volonté des gens arrivés, dans la mesure où elle existe, ni celle des pouvoirs publics.

Ces derniers peuvent, en effet, multiplier les bourses et les facilités d'accès aux situations libérales pour les jeunes gens des classes ouvrières ou de la bourgeoisie peu aisée. Ils peuvent les prendre de l'école primaire pour les entretenir au Lycée, et du Lycée pour les entretenir à l'Université. Ils ne feront pas qu'une fois diplômés et titrés, ces jeunes gens n'aient rien de mieux à leur disposition que leur titre et qu'ils encombrent la société, au lieu de la servir, par leur savoir et par leur ambition.

Le talent sans l'argent, c'est la fumée du rôti que les autres mangent.

Donc, si vous n'avez pas largement à votre disposition les cinquante mille francs nécessaires autant pour mener à bonne fin des études libérales que pour en profiter avec un esprit libre et une activité non diminuée par la gêne, ne vous engagez pas dans cette impasse. Laissez de côté bourses, subventions, assistance quelconque.

Faites autre chose, devenez riches; ce sera le vrai moyen de faire de vos enfants ce que vous auriez souhaité devenir, au lieu d'en faire des malheureux et des déclassés.

Ne vous élevez pas trop vite dans la hiérarchie sociale malgré les facilités qui vous sont offertes et qui sont des leurres. Ne brûlez pas les étapes. Respectez la valeur de l'argent. C'est une réalité vivante et victorieuse au regard de laquelle font triste figure les idées, les efforts et les espoirs.

Si vous ne voulez croire à la puissance de l'argent, qui seule peut édifier les situations libérales, croyez du moins à la concurrence qui chaque jour les rend plus difficiles et plus inabordables. De l'âpreté avec laquelle trop de jeunes gens se préparent à cette concurrence, la statistique suivante, empruntée au livre de M. Liard, *l'Enseignement supérieur en France*, est une preuve incontestable.

Voici, en effet, de 1814 à 1897, la progression du nombre des étudiants :

ANNEES	DROIT	MÉDECINE	LETTRES	SCIENCES	PHARMACIE	TOTAL
1814	3.000	1.200	50	50	50	4.350
1844	3.969	»	200	100	»	»
1869	5.220	4.000	150	100	300	9.772
1878	»	»	286	384	»	10.973
1888	5.152	»	2.358	1.335	»	17.630
1896	8.876	8.485	3.457	3.050	3.076	26.944

La statistique de cette année accuse un nombre toujours croissant de la population scolaire des Universités, qui s'est élevée, pour 1903-1904, au chiffre global de 30.405.

Dans ce total, Paris figure à lui seul pour 12.985. Viennent ensuite Bordeaux, avec 2.320 ; Toulouse, avec 2.191 ; Lyon, avec 2.069. Les Facultés les moins populeuses sont Besançon et Clermont-Ferrand, qui ont compté respectivement 333 et 299 étudiants.

Si on passe aux divers ordres d'enseignement, c'est le Droit qui tient la tête, avec 10.972 étudiants. La Médecine le suit de près, avec 6.686 sans compter les écoles préparatoires ; puis les Sciences (4.765), les Lettres (4.384), la Pharmacie (3.014), et enfin la Théologie protestante (117).

Cette effrayante progression a, dans notre état social, des causes trop profondes pour qu'on puisse espérer la voir s'arrêter. Causes historiques, d'abord, et causes actuelles.

Parmi les causes historiques, ne faut-il pas rechercher ce besoin immodéré et factice d'égalité que la Révolution française a mis en l'âme de nos arrières-grands-pères et qui, cultivé, encensé par notre époque, s'exalte dès le giron de leur nourrice en celle de tous les petits Français.

Or, l'égalité dont ils rêvent, c'est l'égalité dans le plaisir, dans la vie facile, dans le bien-être que résument à leurs yeux, mais bien à tort, les professions libérales. Comme si ce n'était point suffisant que le passé eût semblé assigner à tous cette fin illusoire de l'égalité, il a fallu que, pour l'atteindre, le présent offrît notamment aux fils du prolétariat français le même moyen également illusoire : la foi aveugle en la science.

Que dit-on, en effet, depuis trente ans aux jeunes Français, en manière de recommandation unique et intégrale, on leur dit : « Instruisez-vous ; bourrez-vous de connaissances. Entassez dans vos cervelles l'histoire et la géographie sur les mathématiques et la physique sur celle-ci, et la chimie et la physiologie, que sais-je encore. Cela vous servira. »

Ils s'instruisent les malheureux et ils deviennent savants, même ceux de l'école primaire qui, après treize ans, sont accaparés, le soir, par les sociétés post-scolaires et par tous ces apôtres désintéressés du savoir, qui sont en même temps des concurrents aux distinctions académiques.

Les uns jusqu'à dix-sept ans, les autres jusqu'à vingt-cinq ans, ils font leur petit voyage à travers toutes les sciences. Et ils en rapportent moins d'idées claires, de connaissances précises que d'ambition jamais assouvie de profiter du peu qu'ils savent.

A tous ces demi-savants, n'allez plus dès lors parler d'un métier manuel, du commerce, de l'industrie. Ce ne serait point à leurs yeux la résultante de leurs efforts. Il leur faut une *place* où ils gratteront du papier et deviendront, chacun dans sa mesure, des intellectuels.

Ce n'est pas la science, ce sont les professeurs de science qui sont cause de ce dommage social, et de cette défection de tant d'activités vers des tâches utiles.

* * *

On se méprend, en effet, à notre sens, sur le rôle social de la science. Et vouloir faire de tous les citoyens d'une nation des savants, c'est une folie égale à celle que l'on commettrait si l'on voulait faire de tous, des charpentiers ou des serruriers. La science doit être seulement un compartiment très étroit de l'activité nationale. Et c'est aux vrais savants à faire profiter l'ensemble, qui n'a qu'à en prendre le profit, des découvertes scientifiques.

Je sais que si je suis mordu par un chien enragé, les travaux de Pasteur sont là pour me protéger, que si j'ai quelque plaie interne, les rayons X faciliteront la tâche du médecin ou du chirurgien ; j'attends de M. Curie qu'il fasse de son radium un remède universel ? Qu'ai-je besoin de plus ? Et pourquoi, en écoutant un demi-savant chercheur de palmes, irais-je plus avant dans un domaine que je ne puis sérieusement explorer. Si l'on avait demandé à M. Pasteur ou à M. Curie de s'initier à ma tâche, ils se seraient excusés, faute de temps. Ne dois-je pas imiter leur exemple.

Ne doivent-ils pas imiter leur exemple avant tous, les primaires que la fausse science, la demi-science détourne de l'atelier et du magasin.

La science n'est pas utile aux individus par la raison qu'ils l'acquièrent bien ou mal, mais parce que certains esprits d'élite en tirent des découvertes importantes. Que le peuple les laisse faire et qu'à vouloir les suivre, il ne prenne pas d'ambition illusoire en perdant le goût des vraies tâches qui le feront vivre.

Qu'on fasse des enfants du peuple des esprits libres, émancipés même, tant qu'on voudra ! mais des demi-savants, des raisonneurs, c'est anti-social. Car c'est faire lever en eux des ambitions qu'on ne pourra satisfaire.

Un de mes amis qui relie à la perfection et qui gagne dix francs par jour, paraissait tout indifférent, un soir de cet hiver que nous écoutions une conférence populaire, mal faite d'ailleurs, sur les microbes. Et comme je l'interrogeais, il me répondit simplement par le refrain connu : « Tout ça ne vaut pas l'amour. »

A la condition d'entendre par cette boutade, comme le pensait certainement mon ami, que tout cela ne valait pas le repos, après la journée faite, le repos où l'on ne s'inquiète plus de la tâche du voisin et que l'on n'emploie pas inutilement à devenir savant quand même, je crois bien que notre relieur avait raison.

Il n'y aura jamais assez de science ; il y aura toujours trop d'apprentis savants, c'est-à-dire trop de candidats aux carrières libérales.

Dans la bourgeoisie, c'est moins la foi en la science que la dispense militaire qui fait les candidats aux carrières libérales.

Bien des jeunes gens en effet, qui jadis seraient entrés dans le commerce ou l'industrie, se sont attardés dans l'Enseignement supérieur pour y recueillir les titres libérateurs de deux années de service militaire. Et depuis près de vingt ans, s'accroît dans des proportions désespérantes la foule des diplômés qui ne savent rien, qui ne sont bons à rien, sinon à ne faire qu'un an de service militaire et à devenir candidats aux situations administratives ou aux professions libérales.

Candidats encombrants, mais qui peuvent avoir la chance de prendre la place de candidats plus sérieux.

La plupart des docteurs en droit sont d'une indéfectible ignorance. Passe encore qu'ils ne sachent ni droit administratif, ni droit romain, ni droit civil; mais on souhaiterait qu'ils fussent capables d'écrire deux lignes en un français correct, et de se mettre en règle avec l'orthographe; or ils en sont loin. Il est des élèves des Langues Orientales qui, leur diplôme obtenu à la hâte, ne savent plus, quinze jours après, le moindre mot de la langue qu'ils ont étudiée.

Et que dire des neuf dixièmes de nos médecins?

Seules les Facultés des Lettres et des Sciences se montrent plus sévères et ont refusé jusqu'ici de se transformer en fabriques de dispenses à bon marché.

Peu importe! tout ce monde ignorant et bruyant, pour

lequel il est grand temps qu'arrive la loi commune de deux ans, se réclame de ses diplômes, en veut, en cherche, en obtient le placement ; de sorte que les situations libérales, en France, deviennent le point convergent des ambitions qui n'ont pas de raison d'être, des efforts deçus, des ignorances inavouées et des inutilités masquées sous les parchemins.

Ils sont là, pour le plus grand nombre, entre vingt et trente, les fils de notre bourgeoisie française qui réclament au nom de leurs diplômes la situation facile et brillante. Il y a les riches qui veulent être agents de change, les titrés qui recherchent les ambassades, les fils de propriétaires qui seront avoués ou notaires, les fils de cultivateurs qui seront médecins. « Il y a là surtout des hommes qui sont nés pauvres, fils de paysans, d'ouvriers, de petits employés ou de hauts fonctionnaires sans fortune, des hommes qui sont laborieux, rangés, qui ont acquis un savoir considérable, à force de travail et de privations, des hommes qui demandent à entrer dans les cadres sociaux avec le bénéfice de leurs grades universitaires, des hommes enfin qui ne sont ni des bohêmes, ni des réfractaires, ni des déclassés, mais bien au contraire des enrégimentés, des soumis, des aspirants bourgeois et qui finissent par être des candidats à la faim. Ils ont demandé à leur instruction de les nourrir et leur instruction ne les nourrit pas. Ils ont voulu s'affranchir par les professions libérales et elles les ont enchaînées dans des métiers serviles. Bacheliers, licenciés, agrégés, ces fils de prolétaires sont restés prolétaires, comme leurs pères, les paysans, les ouvriers et les employés avec cette différence qu'ayant cru devenir des hommes libres, ils se sentent plus esclaves. » Voilà les candidats aux situations libérales proprement dites.

Ils sont nombreux, ardents aux compétitions, d'autant

plus avides qu'ils comptent moins sur leurs mérités pour
arriver que sur la brigue et l'intrigue.

Or ç'est de cette foule avide qu'un jeune homme soucieux
de son avenir doit s'éloigner. Les vieilles professions libérales françaises semblent usées, faussées, offertes à des
transformations profondes.

*
* *

Encombrées et nécessitant des ressources sérieuses de la
part de ceux qui les ambitionnent, les carrières libérales
proprement dites sont, toutes proportions gardées, moins
avantageuses que les autres. « La plupart des traitements
ou honoraires affectés aux professions libérales ont été
fixés vers le milieu du siècle. A cette époque, sans être
très élevés, ces traitements permettaient de bien vivre.
Mais depuis 1850 la valeur de l'argent a baissé de 50 0/0,
le prix des denrées a haussé de 30 à 40 0/0. Des besoins
nouveaux d'hygiène, de bien-être et de confort se sont
multipliés par la science, l'industrie, les grands magasins,
les voyages. En sorte qu'un traitement annuel de 4.000 francs
en 1850 correspond à un traitement annuel de 10.000 francs
en 1897. Or, pendant que tout haussait autour d'eux, les
salaires ne haussaient pas. Les fonctionnaires d'aujourd'hui
sont payés comme les fonctionnaires du second Empire ;
les avocats et les médecins eux-mêmes ne gagnent pas sensiblement plus. Tandis qu'un industriel ou un commerçant
moyen fait des bénéfices de 40.000 à 50.000 francs, ce sont
là traitements de ministres que les généraux, les présidents
de Cour d'appel et les directeurs d'administration n'attein-

dront jamais. On en pourrait dire autant des avocats, des médecins, des notaires. Beaucoup d'entre eux gagnent moins qu'un contremaître d'usine, un ouvrier d'art, un commis-voyageur, un bon courtier en assurances ? »

Alors pourquoi cette recherche effrénée des situations libérales, puisqu'elles font de la plupart de ceux qui les détiennent des prolétaires plus malheureux que les prolétaires de l'usine ou de l'atelier, pourquoi, puisqu'elles ne sont abordables qu'aux jeunes gens aisés, pourquoi, puisque ce sont les plus encombrées et les moins facilement ouvertes au vrai mérite.

*
* *

Ce n'est point à dire que les professions libérales proprement dites doivent être délibérément évitées. Ce serait mal interpréter notre pensée que d'arriver à cette conclusion. Nous avons voulu montrer seulement que pour les aborder il faut des appoints nombreux dont l'argent est le plus important.

Un autre appoint et dont nous n'avons pas encore parlé, c'est une solide préparation technique à ces professions. Ce n'est un secret pour personne que les Universités ne donnent pas cette préparation. On peut y acquérir des titres à coup sûr, peut-être des connaissances générales par lesquelles l'esprit se formera et se disciplinera, mais jamais l'habileté technique nécessaire pour réussir dans la vie. A l'Université, on devient docteur en médecine et non pas médecin, docteur en droit et non pas avocat, ou notaire ou avoué. Il y a un apprentissage à faire de ces diverses professions, et il faut s'y soumettre pour réussir. Entre le silence de nos Universités, studieux peut-être mais trop indifférent au monde extérieur et les luttes de la vie, il faut une transition, un stage que ne devront point négliger, s'ils veulent réussir, les candidats aux fonctions libérales.

Des jeunes gens riches, bien doués, d'esprit pratique, et assez curieux pour s'instruire, leurs titres obtenus, dans le livre de la vie, voilà les seuls candidats aux fonctions libérales proprement dites que nous voudrions rencontrer.

*
* *

Les autres situations libérales nous paraissent offrir plus d'avantages à ceux qui les recherchent.

Tout d'abord on les atteint plus rapidement. A vingt ans, quand il sort des Arts et Métiers, à vingt-trois ans, quand il sort de l'École centrale, un ingénieur peut faire ses débuts et œuvre utile. C'est loin de la trentaine avant laquelle, avocats, avoués, notaires n'ont fait que de rares et timides débuts. De même un courtier d'assurance, un courtier en publicité peuvent, dès vingt ans, faire des affaires. A cet âge, le futur médecin, le futur pharmacien, le futur vétérinaire commencent leurs études techniques.

Or la vie est trop courte pour en user près de la moitié sur les bancs de nos écoles. Bien rares sont ceux qui peuvent et par leur fortune et par leurs dispositions vraiment spéciales s'offrir un tel luxe.

Plus rapidement atteintes, ces situations sont aussi plus modernes, plus vivantes, plus malléables, oserons-nous dire. L'activité, l'initiative de l'individu y jouent un meilleur rôle. Et la preuve c'est qu'elles ne sont pas transmissibles.

La tâche d'un notaire, consiste à bien gérer les intérêts des clients que lui a confiés et légués son prédécesseur. C'est bien rarement qu'un client nouveau s'ajoutera aux anciens. Et il se fera un point d'honneur de ne pas le chercher. Ce sont là évidemment des traditions fort honorables mais qui semblent un peu anciennes et démodées dans notre société toujours en travail et en transformation. Combien différente est la journée du gros courtier d'assurance qui, dès huit heures du matin, file en voiture ou en automobile à la recherche de clients nouveaux, qui, jusqu'à quatre heures parle, discute, persuade, enlève une affaire, s'en voit prendre une autre et ne rentre que pour sa correspondance.

Chaque jour, ces situations se renouvellent, soit par les efforts de ceux qui les tiennent, soit par les transformations même de l'industrie et du commerce. Elles comportent donc plus de surprises. Elles tendent plus utilement pour eux-mêmes et pour la société les ressorts et l'activité des individus. Les premiers ingénieurs qui ont exploité le filon de l'industrie automobile sont aujourd'hui millionnaires. Ils ont laissé, du reste, à leurs successeurs assez d'améliorations à trouver dans cette industrie, pour qu'ils puissent espérer eux aussi une belle carrière. Les multiples applications de l'électricité pourraient réserver des surprises et de belles carrières à des jeunes gens studieux ; de même, l'étude de la chimie organique.

Or on ne voit pas, par contre, comment pourraient se transformer les antiques professions de médecin, de notaire, d'avoué, d'avocat.

Le champ de ces situations étant plus vaste, la concurrence s'y fait moins rude Sans doute nous ne prétendons pas qu'elles n'exigent pas des efforts continus et des capacités de premier ordre de la part de ceux qui les tiennent.

Un homme d'affaires, qui ne serait pas hardi, actif, audacieux, entreprenant, pourvu d'entregent et de relations, un ingénieur qui n'aurait pas le don de passer continuellement de la théorie à la pratique et du calcul à l'application, risqueraient bien vite d'être enveloppés, broyés, annihilés par leurs concurrents. Mais, pour toutes ces situations libérales, il nous semble qu'il soit mieux possible de calculer la portée des efforts et de faire qu'ils produisent des résultats. La brigue et l'intrigue y jouent un rôle moins grand que dans les vieilles situations libérales.

L'argent enfin, si grand que soit l'appoint qu'il apporte en toute entreprise humaine, n'est pas dans ces professions un facteur indispensable du succès. A côté de lui ou plutôt au-dessus de lui, il faut placer l'initiative, l'entregent, l'activité.

*
* *

Tel est, tracé à grands traits, le tableau des carrières libérales en France. Si nous l'avons fait plutôt noir, ce n'est ni par découragement, ni par pessimisme, c'est par expérience, c'est pour empêcher dans la mesure si humble de notre influence, que de jeunes activités s'usent ou s'endorment dans de vieilles besognes.

On ne trouve en effet les nouveaux chemins qu'en s'écartant des anciens, de propos délibéré.

———————

TABLE DES MATIÈRES

TITRE I

Les Carrières juridiques

	Pages.
Avocat	3
Avoué	12
Notaire	17
Clerc de notaire	31
Avocat au Conseil d'Etat et à la Cour de Cassation	36
Greffier	38
Commissaires-priseurs	41
Agréé au Tribunal de Commerce	44
Huissier	48
Experts et arbitres rapporteurs, traducteurs jurés	50
Les études de Droit	52

TITRE II

La Médecine

Les médecins	61
Pharmacien	73

Pages.

Vétérinaire... 80
Dentistes... 84

TITRE III

Les Sciences appliquées

Les Ingénieurs... 93
Les Chimistes... 106
Electricité... 114
Les Géomètres.. 120

TITRE IV

Les Affaires

Agent de change... 125
Agents d'affaires... 130
Agents d'assurances... 134
Courtiers d'assurances.. 137
Les courtiers en publicité.. 139

TITRE V

La Littérature

Homme de lettres.. 147
Le journalisme.. 152

TITRE VI

Les Beaux-Arts

Architectes... 161
Les artistes.. 169
Compositeur de musique et instrumentiste................................ 190

TITRE VII

Divers

                                                            Pages.

Comédiens.. 197
Les professeurs libres..................................... 221

TITRE VIII

La Femme dans les carrières libérales

Les femmes architectes..................................... 231
Les femmes au Barreau...................................... 234
Les femmes médecins 237
Pourquoi pas pharmaciennes?................................ 240
Les femmes dentistes....................................... 242

Conclusion 249

TOURS, IMPRIMERIE DESLIS FRÈRES, 6, RUE GAMBETTA.